Como administrar a produção
+ curso *on-line*

Como administrar a produção
+ curso *on-line*

Luiz Arnaldo Biagio

Copyright © 2015 Editora Manole Ltda., por meio de contrato com o autor.

Editor gestor: Walter Luiz Coutinho
Editora: Karin Gutz Inglez
Produção editorial: Paulo Roberto Rocha Filho, Cristiana Gonzaga S. Corrêa e Juliana Morais
Capa: Daniel Justi
Projeto gráfico: Visão Editorial
Ilustrações do site: Maria Rita Fairbanks Coelho Mendes Biagio
Revisão: Departamento Editorial da Editora Manole

Dados Internacionais de Catalogação na Publicação (CIP)
(Câmara Brasileira do Livro, SP, Brasil)

Biagio, Luiz Arnaldo
Como administrar a produção: + curso on-line /Luiz Arnaldo Biagio. – Barueri, SP: Manole, 2015. – (Série lições de gestão)

Bibliografia.
ISBN 978-85-204-3364-5

1. Administração de empresas 2. Administração da produção 3. Empreendimentos 4. Planos de negócios I. Título. II. Série.

14-03473	CDD-658.5

Índices para catálogo sistemático:
1. Administração da produção: Administração de empresas 658.5

Todos os direitos reservados.
Nenhuma parte deste livro poderá ser reproduzida,
por qualquer processo, sem a permissão expressa dos editores.
É proibida a reprodução por xerox.
A Editora Manole é filiada à ABDR - Associação Brasileira de Direitos Reprográficos.

1ª edição – 2015

Direitos adquiridos pela:
Editora Manole Ltda.
Avenida Ceci, 672 – Tamboré
06460-120 – Barueri – SP – Brasil
Tel.: (11) 4196-6000 – Fax: (11) 4196-6021
www.manole.com.br
info@manole.com.br

Impresso no Brasil
Printed in Brazil

Este livro contempla as regras do Acordo Ortográfico da Língua Portuguesa de 1990, que entrou em vigor no Brasil em 2009.

São de responsabilidade do autor as informações contidas nesta obra.

SUMÁRIO

Apresentação   vii

1. Introdução   01
2. As estratégias de produção   11
3. Planejamento da capacidade de produção   19
4. *Layout* (arranjo físico)   31
5. Gestão dos sistemas de produção   47
6. Planejamento e controle da produção   69
7. Estudo dirigido   93

Considerações finais   109

APRESENTAÇÃO

Olá! Meu nome é Eugênio, talvez você já me conheça. Eu sou facilitador da Manole Educação e estou aqui para lhe apresentar a terceira das Lições de Gestão, que vai orientá-lo em como administrar a produção de sua empresa.

Você deve estar se perguntando: o que são as Lições de Gestão? São 12 metodologias de administração consideradas básicas na gestão do dia a dia de qualquer empresa. Atualmente, graças às novas tecnologias, cada lição é composta de um livro e de arquivos eletrônicos disponíveis no *website* da Editora Manole (www.manoleeducacao.com.br), elaborados como se fossem um curso a distância.

Um curso a distância pode ser definido como o aprendizado em que o estudante não precisa estar presente fisicamente na sala de aula, ou seja, você não precisa ir até a escola, é ela que vai até você por algum meio de comunicação, como vídeo, DVD, internet, etc.

Esta lição que apresento agora trata de como administrar a produção de sua empresa, o que é fundamental para qualquer tipo de companhia. E o que é produção? A princípio, as pessoas acham que produção é coisa de empresa industrial, mas não é isso que acontece na prática. Produção é a área de um empreendimento em que se gera riqueza, e todas as empresas, em qualquer ramo de atividade, geram riqueza. Assim, todas, em maior ou menor escala, utilizam os conceitos de administração da produção, sejam da área de comércio, indústria ou serviços.

No entanto, esteja atento, pois você precisará de muita disciplina para utilizar todos os recursos disponíveis e, assim, facilitar seu aprendizado. Como a lição de gestão é semelhante a um curso a distância, ela requer muita dedicação para que você possa concluí-la. Muitas pessoas iniciam esses cursos, mas acabam os abandonando de um dia para o outro. Com isso, o tempo passa e a oportunidade de crescimento pessoal e profissional também.

Curso *on-line*

Acesse o *site* www.manoleeducacao.com.br/licoesdegestao, cadastre-se e realize as diversas atividades do curso:

- assista às videoaulas;
- aprenda com os tutoriais;
- acompanhe os *slides*;
- teste seus conhecimentos com questões interativas.

Boa sorte!

AULA 1
INTRODUÇÃO

OBJETIVOS DESTA AULA

- Desmitificar a ideia de que a produção é feita apenas por empresas industriais;
- explicar por que administrar a produção é o principal fator de sucesso de todas as empresas.

Bem, vamos à aula!

Para ajudar a explicar o que é administração da produção, vamos começar com a história de uma das maiores lojas varejistas de móveis no Brasil: a Tok&Stok.

O que é administrar a produção?

Quadro 1 – O caso da Tok&Stok
A Tok&Stok é uma loja varejista de móveis que apresenta um diferencial. Com 36 lojas em quinze estados brasileiros, desenvolveu uma forma inovadora de

vender móveis. A empresa procura aliar um bom design *(Tok)* à disponibilidade de estoques para retirada imediata *(Stok)*.

Os consumidores da Tok&Stok passam de uma hora e meia a duas horas na loja, muito mais do que nas lojas de móveis concorrentes. Para favorecer isso, a Tok&Stok procura criar um centro prazeroso de compras que permite que o cliente encontre tudo para a casa e para o escritório em um só lugar. As lojas são organizadas em dois setores distintos, a exposição e o autosserviço: no primeiro, o consumidor encontra o ambiente decorado e, no segundo, os artigos expostos de forma cômoda, como em um supermercado. Assim, a Tok&Stok consegue abrigar em um mesmo espaço uma loja de design com venda assistida e um supermercado de utilidades e produtos de decoração.

Para maior comodidade, algumas lojas contam também com o Baby Stok, um espaço para os pais deixarem seus filhos brincando enquanto fazem suas compras, e o Café Design, onde os clientes podem tomar um café e relaxar, aproveitando para conhecer e comprar peças exclusivas de designers nacionais e internacionais, além de livros, CDs e DVDs.

Os móveis da Tok&Stok representam "valor pelo dinheiro" com ampla variedade de escolha. São projetados para serem estocados e vendidos "encaixotados", mas sua montagem pode ser feita com facilidade pelo consumidor.

Os consumidores da Tok&Stok não são abordados por vendedores que oferecem ajuda ou orientação. A filosofia da Tok&Stok é não atrapalhar os clientes dessa maneira, mas os deixar à vontade e com tempo para pensar. Se algum consumidor necessitar de orientação, há nas lojas uma torre de informações, com arquitetos, decoradores, etc.

Após escolher os produtos, os clientes retiram os itens menores em prateleiras, como as de um supermercado, pagam nos caixas e se dirigem com seus carros até a área de estacionamento, onde retiram os itens maiores.

Fonte: www.tokstok.com.br

Produção é o conjunto de atividades de planejamento e controle utilizado pelas organizações na transformação e na distribuição de bens e serviços.

Observe que essa definição de produção é abrangente, e não restrita somente a empresas industriais. Veja a história da Tok&Stok. É uma grande empresa varejista que, por conhecer muito bem seu mercado e saber como atender às necessidades de seus consumidores, consegue aplicar com sucesso técnicas de administração da produção para gerar riqueza e criar valor para seus clientes.

Provavelmente, você já ouviu falar em PIB – Produto Interno Bruto. Pois é, esse valor serve de referência para a medição da riqueza de uma determinada nação, e é a soma de todos os bens e serviços produzidos por ela em um determinado período. Daí, pode-se concluir que administrar a produção é administrar uma atividade responsável pela geração de riquezas.

> O que é PIB – Produto Interno Bruto?

Quando alguém pergunta para um administrador qual é o objetivo da administração da produção, a resposta mais imediata é: atender ao programa de produção mais rapidamente, melhor e com custo menor que a concorrência. Essa resposta está correta, mas é superficial. Uma resposta mais específica é: gerenciar os 8Ms da produção com eficácia. E agora você deve estar se perguntando: o que é isso?

> Objetivo: atender ao programa de produção mais rápido, mais barato e melhor.

Os 8Ms da produção são um conjunto de recursos de entrada no sistema produtivo; na falta de apenas um, o sistema não poderá operar plenamente. Esses recursos são:

1. Método de trabalho (tecnologia e processos).

2. Mão de obra (pessoas).

3. Matéria-prima (insumos e mercadorias).

4. Meio ambiente (instalações físicas).

5. Máquinas e equipamentos.

6. Moeda (capital financeiro).

7. Medidas de desempenho.

8. Mensagens (informação).

O que é eficiência? E eficácia?

Você ainda deve ter uma segunda pergunta sobre a questão da administração da produção. Provavelmente já ouviu falar sobre "eficácia", mas pode estar com dúvidas sobre sua definição. Muito bem, eficácia é derivada de "eficiência", que, no dicionário *Houaiss*, significa "virtude ou característica de uma pessoa, máquina, tecnologia, empreendimento, etc., o melhor rendimento com o mínimo de erros, e/ou de dispêndio de energia, tempo, dinheiro, meios ou recursos". Já a eficácia é a eficiência na produção e na entrega de bens e serviços no tempo exato, nem mais e nem menos.

Contudo, voltando à questão dos 8Ms, observe que, se houver uma falha em qualquer "M", a produção não poderá ser realizada a contento, ou seja, tanto a eficiência quanto a eficácia estarão comprometidas.

Dentro da governança de uma empresa, a administração da produção deve assumir as seguintes responsabilidades:

Responsabilidades da administração da produção

■ desenvolver seus recursos para que forneçam as condições necessárias para permitir que a organização atinja seus objetivos estratégicos;

■ implementar a estratégia empresarial definida no Planejamento Estratégico da empresa;

- fazer produtos/serviços melhores, mais rápidos, em tempo, em maior variedade e mais baratos do que os da concorrência direta, a fim de obter vantagem competitiva em longo prazo.

Sob o ponto de vista da administração moderna, a produção é chamada de Sistema Produtivo, exatamente por não se prender somente ao processo de transformação, mas por se estender desde o fornecimento dos recursos (materiais, energia, pessoal, máquinas e equipamentos, etc.) até a entrega dos produtos e serviços para o cliente. A produção é chamada de sistema fazendo-se analogia com os sistemas vivos, que são compostos de órgãos interligados que funcionam em perfeita harmonia, transformando os alimentos em energia para permitir a sobrevivência do organismo. Qualquer disfunção no sistema vivo é considerada uma anomalia e pode causar dores e mal-estar. Uma disfunção na organização é considerada uma não conformidade com o processo e pode causar prejuízos.

A Teoria dos Sistemas compara os sistemas orgânicos dos seres vivos aos sistemas organizacionais.

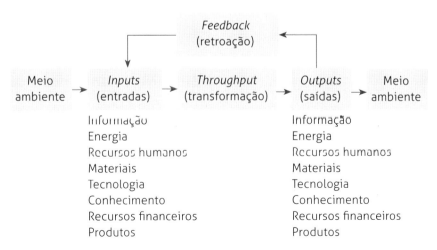

FIGURA 1 Representação esquemática de um sistema produtivo.

Um sistema produtivo é formado, na sua essência, por um processo de transformação de entradas em saídas. As entradas são traduzidas pelos recursos de transformação (ou seja, aqueles que agem sobre os demais recursos para facilitar a transformação) e pelos recursos transformados (ou seja, aqueles que são tratados, transformados ou convertidos de alguma forma). As saídas são os produtos e serviços oferecidos pela organização como resultado do sistema produtivo. Tanto as entradas quanto as saídas são pontos de relacionamento entre a organização e o meio ambiente. Nessa cadeia de relacionamento estão as funções de apoio à produção, como recrutamento e seleção de pessoal, departamento financeiro, compras, vendas, etc.

> Produtividade = saídas/ entradas.

> Lucro operacional = R$ saídas – R$ entradas.

As saídas são o resultado da transformação e se apresentam sob a forma de produtos e serviços. Os produtos apresentam características bastante distintas: são tangíveis e concretos, podem ser estocados, podem ser transportados, a produção sempre precede o consumo, a qualidade é evidente e o trabalho na produção exige baixo nível de contato com o cliente final.

Os serviços também apresentam características distintas e, muitas vezes, antagônicas às dos produtos. Eles são intangíveis e virtuais, não podem ser estocados, não podem ser transportados, sua produção é simultânea ao consumo, a qualidade é difícil de se aferir e exige-se alto nível de contato com o cliente.

Existem também as saídas agregadas, ou seja, compostas de produtos e serviços, como é o caso dos restaurantes *à la carte*. Nesse tipo de operação, as saídas são compostas dos produtos (refeições preparadas de acordo com o cardápio) e do serviço de atendimento aos clientes, que é prestado pelos garçons. Se você analisar separadamente esse sistema produtivo, poderá perceber claramente a diferença entre os dois tipos de saídas.

Finalmente, o sistema produtivo é formado também pelo processo de retroação, no qual se configuram os controles da operação, exercendo-se uma comparação entre as entradas e saídas e aferindo-se, assim, o desempenho do sistema. Quando o desempenho é medido em unidades físicas, é chamado de produtividade; quando é medido em unidades financeiras, é chamado de lucro operacional.

Observe sempre que, se os recursos financeiros aplicados às entradas forem maiores que os recursos financeiros obtidos pelas saídas, a empresa estará operando com prejuízo, e que as unidades medidas das saídas devem ser sempre menores que as unidades medidas das entradas, pois todos os sistemas produtivos, de qualquer espécie, sempre apresentarão perdas entre entradas e saídas.

Quanto aos recursos transformados e o processo de transformação, eles podem ser reunidos em três grandes grupos:

- consumidores: transformam-se a aparência física, o estado psicológico ou fisiológico, o conhecimento, a acomodação e a localização;
- materiais: transformam-se as propriedades físicas, a posse ou a propriedade, a localização e a estocagem;
- informações: transformam-se a posse, a estocagem, a forma e a localização.

A partir desse ponto de vista, você poderá entender que todos os tipos de empresa utilizam os conceitos de administração da produção e todos possuem um sistema produtivo no "coração" do seu negócio.

Para que você possa entender melhor essa questão, veja os exemplos de sistemas produtivos a seguir:

- igreja: celebração de casamentos, cerimônias fúnebres, celebração de missas, salvação de almas;
- restaurante *fast food*: preparação de refeições, atendimento a clientes, limpeza de mesas, lavagem de louça, etc.;
- universidade: transmissão de conhecimento, condução de pesquisas, administração de cursos;
- fábrica de móveis: fabricação de componentes, montagem de móveis;
- companhia aérea: movimentação de passageiros e cargas;
- loja de departamentos: exibição de bens, orientação de vendedores, venda de bens;
- zoológico: exibição de animais, educação de visitantes, procriação de animais.

Para esclarecer melhor o uso universal da administração da produção, acompanhe o estudo de caso da Fyodorov Eye Clinic.

Quadro 2 – O caso da Fyodorov

Dr. Svyatoslav Fyodorov, fundador das clínicas russas de cirurgia ocular de mesmo nome, vem sendo chamado de "Henry Ford da Oftalmologia", por causa da criação de um método inovador de realização de um procedimento cirúrgico para tratamento de miopia, denominado caratotomia radial.

O Dr. Fyodorov controla, da sua sede em Moscou, nove clínicas que realizam operações simultâneas em toda a Rússia. Todos os centros cirúrgicos se assemelham às linhas de montagem de automóveis e seus cirurgiões não são mais o arquétipo do "superartesão" individual (aquele que realiza toda a cirurgia, desde a primeira incisão até a sutura final, auxiliado por uma equipe de médicos e enfermeiras especializados).

Nos centros cirúrgicos das clínicas Fyodorov, oito pacientes são simultaneamente posicionados deitados em bancadas dispostas em círculo móvel, como se fossem raios de uma roda, e com os pés apontando para o centro do círculo, apenas com os olhos descobertos.

Seis cirurgiões, cada um responsável por uma etapa do procedimento, se posicionam em torno do círculo, cada qual em uma estação de trabalho, de forma que tenham acesso aos olhos dos pacientes.

Após cada cirurgião executar a sua parte do procedimento cirúrgico, a bancada com o paciente é movimentada para a fase seguinte da operação, em sentido circular anti-horário.

Antes de iniciar uma nova etapa do procedimento, cada cirurgião confere se a etapa anterior foi executada corretamente.

As atividades são monitoradas em telas de TV, e os cirurgiões trocam informações por meio de microfones miniaturizados e fones de ouvido.

Fonte: www.space.ru/emc.

■ PARA REFLETIR

1. Considerando as entradas e saídas dos sistemas produtivos, o que é perda?
2. O que é produtividade?

AULA 2

AS ESTRATÉGIAS DE PRODUÇÃO

OBJETIVOS DESTA AULA

- Demonstrar o papel que a produção representa para a empresa atingir seus objetivos estratégicos;
- apresentar as estratégias de produção e sua influência sobre o tipo de administração.

Bem, vamos à aula!

O termo "estratégia" teve sua origem no campo militar, e se refere às operações e aos movimentos de um exército até chegar, em condições vantajosas, à presença do inimigo. No campo da administração, estratégia é entendida como um padrão global de decisões e ações que posiciona a organização no meio ambiente e tem como premissa básica fazer com que ela defina claramente seus objetivos, desdobre-os em metas e indique o caminho para atingi-las.

Estratégia é o mecanismo utilizado por uma empresa para atingir vantagem competitiva.

Em geral, a estratégia é definida fora do ambiente de produção e sua elaboração é delegada aos níveis diretivos da empresa, ficando a cargo da administração da produção a definição das táticas para que a estratégia empresarial aconteça com sucesso.

Segundo Michael Porter, um dos maiores autores do mundo sobre estratégia, existem três estratégias gerais que uma empresa pode adotar:

- **liderança em custos**: implica a busca de economia de escala, o uso de tecnologias patenteadas, o acesso preferencial a matérias-primas, a padronização, a automatização intensiva e o baixo contato com clientes;
- **diferenciação**: implica o atendimento de solicitações específicas dos clientes, baixos volumes e alta variedade de produtos, mão de obra altamente especializada e baixos índices de automatização;
- **enfoque**: implica tanto a diferenciação quanto a liderança em custo; porém, a empresa procura focar suas atenções apenas para uma parte do mercado (nicho).

É importante ter em mente que uma empresa adepta de qualquer um dos três tipos de estratégia geral terá dificuldades ao tentar atuar com eficácia em outro tipo de estratégia. Por exemplo: se uma empresa optar pela "liderança em custos", dificilmente conseguirá obter sucesso em uma área que exija a estratégia "diferenciação" como a mais adequada.

Observe que, optando pela estratégia "liderança em custos", a empresa define que irá operar com padronização, altos

Estratégias genéricas de Porter: liderança em custos, diferenciação e enfoque.

volumes de produção, pouco ou nenhum contato com o cliente final, manufatura rígida e bastante automatizada, pouca interferência do homem no processo de produção, controles discretos e produção contínua ou em massa. A máxima nesse tipo de estratégia é obter pouco lucro unitário, mas ganhar na escala de produção.

Em contrapartida, a empresa terá dificuldades para operar com a estratégia "diferenciação", pois esta requer condições de operação totalmente diferentes da "liderança em custos".

As estratégias organizacionais são desdobradas em estratégias de negócios e estratégias operacionais no plano tático, dando origem às bases para a tomada de decisão na operação e à determinação dos objetivos de desempenho.

Áreas de decisão:
- Projeto
- Processo
- Tecnologia
- Capacidade de produção
- Fornecedores
- Qualidade
- Arranjo físico
- Programação
- Organização

Existem 9 áreas de decisão que estão sob a responsabilidade da administração da produção: o projeto do produto, a escolha do processo de fabricação, o desenvolvimento da tecnologia, o cálculo da capacidade de produção, a escolha dos fornecedores, a elaboração dos planos de qualidade, a determinação do arranjo físico, a programação da produção e a organização geral da produção. As estratégias organizacionais são os norteadores da tomada de decisão nessas áreas.

Objetivos de desempenho:
- Custo
- Qualidade
- Confiabilidade
- Rapidez
- Flexibilidade

A partir das estratégias é que são definidos os objetivos de desempenho da administração da produção. Em geral, existem 5 objetivos básicos de desempenho e aconselha-se determinar pelo menos uma meta de desempenho quantitativa para cada objetivo. Tais objetivos são:

- ■ custo: fazer as coisas mais baratas;
- ■ qualidade: fazer as coisas certas;

- confiabilidade: fazer as coisas no prazo;
- rapidez: fazer as coisas no menor tempo;
- flexibilidade: mudar as coisas que estão sendo feitas.

Os objetivos de desempenho mudam de empresa para empresa, pois dependem muito do ambiente em que ela está inserida, de suas estratégias e da cultura interna.

Qual a importância da relação volume × variedade?

O principal diferencial da produção na execução da estratégia de mercado definida pela empresa é a relação volume × variedade, que influi decisivamente nas operações.

Uma operação com altos volumes de produção implica *layouts* com linhas de produção contínuas e rígidas, controles discretos, automatização intensiva e pequena variedade de produtos.

Já uma operação com alta variedade de produtos implica *layouts* por processos e equipamentos flexíveis, controle intensivo por meio de ordens de serviço, mão de obra altamente especializada e baixos volumes de produção.

Os tipos de processo de manufatura são definidos pela relação volume × variedade. Existem basicamente 5 tipos de processos de manufatura:

Tipos de processos de manufatura:
- Sob projeto
- *Jobbing*
- Lote ou batelada
- Produção em massa
- Produção contínua

- **sob projeto**: lida com produtos discretos e bastante customizados. O tempo para execução do processo é longo. Baixo volume e alta variedade de produtos. As atividades são modificadas durante o processo de produção;
- ***jobbing***: grande variedade e baixo volume. Os recursos são compartilhados entre os produtos. Os produtos podem ter partes definidas em pequenas séries combinadas com partes exclusivas e são de menor porte;

- **lote ou batelada**: graus de volume e variedade medianos. Quando os lotes são muito pequenos (de 2 a 5 produtos), se confunde com *jobbing*, e quando os lotes são muito grandes, se confunde com produção em massa;
- **produção em massa**: os bens são produzidos em altos volumes e pequenas variedades. O processo básico de produção não é afetado pelas variantes dos produtos. As atividades são repetitivas e amplamente previsíveis;
- **produção contínua**: grandes volumes e variedade baixíssima. Opera sem interrupção por longos períodos. Os produtos são inseparáveis. O processo é rígido, automatizado, previsível e com pouca ou nenhuma interferência humana.

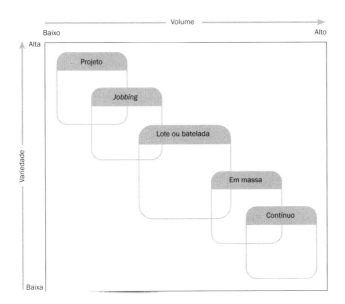

FIGURA 1 Influência da relação volume × variedade nos tipos de processos de manufatura (adaptada de Slack, 2002).

Por analogia, as empresas comerciais e de serviços também têm os seus processos operacionais subdivididos em função

Tipos de processos de serviços:
- Serviços profissionais
- Loja de serviços
- Serviços de massa

da relação volume × variedade. Nesses casos, existem somente 3 tipos de processos de serviço:

- **serviços profissionais**: utilizados por empresas de alto contato, em que os clientes despendem tempo considerável no processo. O processo é moldável para atender às necessidades individuais de cada cliente. A ênfase está em como o serviço é prestado, e não no produto final. O processo é baseado nas pessoas, e não nos equipamentos;

- **loja de serviços**: caracteriza-se por níveis de contato com o cliente, customização, volume de clientes e liberdade de decisão do pessoal. O serviço é proporcionado por uma combinação de pessoas e equipamentos e a ênfase está no processo e também no produto;

- **serviços de massa**: envolvem muitas transações de clientes, com tempo de contato limitado e pouca customização. O trabalho é subdividido entre as pessoas, que atuam com pouca autonomia. Os serviços são predominantemente baseados em equipamentos e são orientados para o produto. O pessoal deve seguir procedimentos previamente estabelecidos.

Observe que, em qualquer dos casos, existem zonas de intersecção, ou seja, algumas relações em que é possível para uma empresa optar por um ou por outro tipo de processo; da mesma forma, uma empresa poderá atuar com eficácia operando com dois tipos de processo, com classificações semelhantes, mas não absolutamente iguais. Quando isso ocorre, a empresa precisa ficar mais atenta ao sistema de gestão da produção, aos seus controles e aos seus resultados.

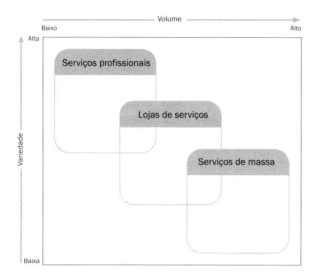

FIGURA 2 Influência da relação volume × variedade nos tipos de processos de serviços (adaptada de Slack, 2002).

Para que você possa entender definitivamente a importância da estratégia empresarial na administração da produção, reflita sobre a analogia entre uma empresa eficiente em termos operacionais e uma empresa que possui uma estratégia bem definida. Imagine um fabricante de aparelhos televisores com capacidade operacional para produzir os melhores aparelhos em preto e branco do mundo, porém sem uma estratégia empresarial definida, e uma empresa manufatureira com uma estratégia bastante clara e sedimentada, detentora do desenvolvimento de uma tecnologia revolucionária para televisores em 3D, mas sem capacidade de produzi-los. Qual das duas empresas teria maiores possibilidades de sucesso? A conclusão parece óbvia, não é mesmo? Nenhuma das duas empresas conseguiria sucesso em seus empreendimentos.

Para que uma empresa obtenha sucesso em seus objetivos empresariais, qualquer que seja o produto ou serviço oferecido, é necessária uma boa estratégia aliada a uma boa operação.

■ PARA REFLETIR

1. Uma empresa que adota a estratégia genérica "liderança em custos" pode mudar sua estratégia para "diferenciação"?
2. O que significa flexibilidade na produção?

AULA 3

PLANEJAMENTO DA CAPACIDADE DE PRODUÇÃO

OBJETIVOS DESTA AULA

- Demonstrar como calcular a capacidade produtiva;
- apresentar as estratégias de produção e sua influência sobre o tipo de administração.

Bem, vamos à aula!

O que é capacidade de produção? Essa é uma das perguntas mais importantes a serem respondidas pela administração da produção. Em primeiro lugar, porque essa capacidade é variável e depende da capacitação da mão de obra, do desgaste e do uso dos equipamentos, da qualidade da matéria-prima, da programação da produção, do arranjo físico e da organização geral da área produtiva. Além disso, é necessário observar o

O que é capacidade de produção?

comportamento do mercado em que a empresa atua, afinal uma empresa com capacidade de produção ociosa seria um desperdício. E, se o dimensionamento for justo demais, a empresa corre o risco de não conseguir atender às necessidades dos clientes nos períodos de aquecimento de demanda.

Em geral, define-se capacidade de produção como:

Definição de capacidade de produção.

Máximo nível de atividade de valor agregado, em um determinado período, que o processo pode realizar sob condições normais de operação.

No entanto, existem algumas restrições que podem comprometer a capacidade de produção de uma empresa, ou seja, impedir o nível máximo de atividade de valor agregado em um determinado período. Essas restrições podem ter diversas origens:

- desbalanceamento da linha de produção (gargalos e filas);
- falta de capacitação ou motivação dos empregados;
- desabastecimento de materiais ou produtos;
- manutenção de equipamentos;
- *set-ups* longos ou desnecessários;
- reprogramações;
- retrabalhos.

A capacidade de produção assume características especiais dependendo do tipo de empresa, mas, em todos os casos, o resultado é expresso em indicadores quantitativos. Veja o que significa capacidade de produção para alguns tipos de empresa:

- **hotel**: quartos ocupados por mês (ignorando-se o número de hóspedes em cada quarto e suas necessidades individuais);
- **confecção**: unidades por mês (ignorando-se tamanho, cores e variações de estilo);
- **produtos de alumínio**: toneladas por mês (ignorando-se tipos de ligas, variações de espessura e tamanho dos lotes);
- **loja varejista**: receita mensal (ignorando-se variações de gastos, número de itens, margem bruta dos itens e transações por cliente).

Você precisa tomar cuidado para não confundir capacidade de produção com capacidade instalada, que é o maior volume de produção que uma empresa consegue alcançar utilizando plenamente suas instalações e equipamentos; ou seja, o limite máximo da sua capacidade produtiva com utilização de 100% das máquinas, equipamentos e instalações físicas.

Entretanto, somente a capacidade instalada não garante a capacidade de produção, pois outros recursos (financeiros, humanos e materiais) devem ser considerados e agregados. A disponibilidade desses recursos, somada à capacidade instalada, resulta na capacidade de produção.

A capacidade de produção é sempre medida de forma quantitativa ou numérica, sendo obtida por meio de três unidades de medida:

CUIDADO: Não confundir capacidade de produção com capacidade instalada.

Como medir a capacidade de produção?

- **medida de tempo**: permite a avaliação da capacidade de produção para produtos ou serviços existentes ou a serem lançados no futuro, porém não deixa claro aquilo que a empresa efetivamente produz, pois refere-se aos meios de produção, e não aos resultados. São exemplos de medidas de tempo: número de horas/homem trabalhadas, carga horária das máquinas, tempo de atendimento aos clientes, etc.;

- **quantidade de produtos/serviços**: permite a definição do número de produtos que a empresa pode produzir em um período, mas sua aplicação é difícil em empresas com vários produtos diferentes. Além disso, esse tipo de medida não é estável, pois a produção pode sofrer atrasos, produtos podem ser modificados ou necessitar de retrabalho, reduzindo as quantidades produzidas. Como exemplos desse tipo de medida, pode-se citar: 500 automóveis por dia, 100 clientes atendidos por mês, etc.;

- **medida por unidades monetárias**: permite avaliar a capacidade de produção da empresa em termos de resultados financeiros. Nesse caso, as unidades produzidas são multiplicadas pelos preços de venda, conseguindo-se o valor da receita da produção realizada.

A capacidade produtiva também é afetada pela demanda, e a empresa precisa optar entre produzir para estoque e utilizar toda a capacidade produtiva, ou produzir sob demanda, comprometendo os índices de utilização da capacidade instalada. A relação entre a capacidade de produção e a demanda é influenciada pelos seguintes itens:

- **custos**: níveis de capacidade maiores que a demanda podem significar subutilização, ou seja, custos unitários mais altos;
- **receita**: níveis de capacidade maiores que a demanda garantem o atendimento do programa de produção e evitam perda de receita;
- **capital de giro**: produzir para estoque garante o atendimento da demanda, mas a empresa deve financiar o estoque até a venda;
- **qualidade**: produzir acima da capacidade afeta a qualidade na medida em que se contratam novos funcionários ou se modificam as rotinas;
- **velocidade**: a provisão deliberada de capacidade excedente ou a formação de estoques melhora a resposta às variações de demanda;
- **confiabilidade**: quanto mais próximas forem a demanda e a capacidade máxima de produção, maior o risco de atrasos nas entregas;
- **flexibilidade**: demanda e capacidade em equilíbrio dificultam a resposta rápida a reprogramações ou variações inesperadas de demanda.

> Itens que influenciam a capacidade de produção e a demanda.

É evidente que a decisão entre produzir sob demanda ou produzir para estoque somente poderá ser tomada a partir do conhecimento da previsão da demanda e do detalhamento dos itens de influência da relação capacidade × demanda.

Existem dois tipos de demanda: dependente e independente. Imagine, no primeiro caso, um fabricante de pneus para automóveis, cuja demanda de pneus é ditada pelo nú-

> E agora, José? Produzir sob demanda ou produzir para estoque? Quais os tipos de demanda existentes?

mero de automóveis produzidos pela montadora. Nesse caso, a demanda pode e deve ser calculada. No caso da demanda independente, imagine o mesmo fabricante de pneus atendendo a lojas, concessionárias, oficinas e borracharias que oferecem serviços de manutenção dos automóveis. Nesse caso, a demanda é ditada por fatores aleatórios e pode ser prevista, mas não calculada.

A demanda pode assumir, ao longo do tempo, quatro comportamentos característicos:

Quais os tipos de comportamento assumidos pela demanda?

- **média**: a demanda apresenta pequenas variações atribuídas a fatores aleatórios, mas sempre gira em torno de um valor médio. Esse comportamento é uma característica das *commodities* em mercados estáveis;

- **sazonal**: a demanda apresenta ciclos de alta e de baixa que se repetem, normalmente atribuídos a fatores conhecidos, como: época do ano, período de festejos, etc. Esse comportamento é uma característica do mercado de sorvetes, ovos de Páscoa, cobertores, etc.;

- **tendência linear**: a demanda apresenta pequenas variações atribuídas a fatores aleatórios, mas sempre gira em torno de um valor médio, crescente ou decrescente. Esse comportamento é típico de produtos de primeira necessidade em mercados em crescimento ou em declínio;

- **tendência não linear**: a demanda apresenta variações atribuídas a fatores aleatórios, porém a curva de crescimento é exponencial. Esse comportamento é apresentado por produtos de alta tecnologia em novos mercados, especialmente nos períodos subsequentes a seu lançamento.

Existem quatro métodos para fazer a previsão de demanda, função que deve ser delegada às áreas de vendas. A administração da produção, no entanto, deve conhecer o mecanismo e participar do processo.

DICA: Mercados diferentes exigem métodos diferentes de previsão da demanda.

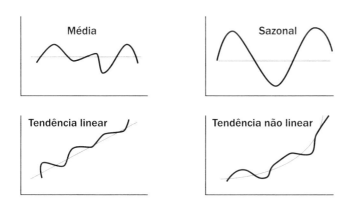

FIGURA 1 Tipos de comportamento da demanda.

É importante saber que, no caso de previsão de demanda, você estará trabalhando com dados do passado para prever ocorrências futuras e, mesmo utilizando-se de métodos estatísticos, as previsões estão sujeitas a erros. Assim, o replanejamento deve ser visto como normal nesse processo. Basta fazer uma comparação com as previsões do tempo, em que ocorrências não previstas acabam por alterar todo o cenário.

As metodologias para a previsão da demanda são as seguintes:

> Veja como fazer isso no *site*: www.manoleeducacao.com.br/licoesdegestao

- **média móvel ponderada**: método utilizado por empresas que atuam em mercados estáveis e previsíveis, geralmente com demanda dependente. O método consiste em levantar o histórico da demanda, identificar os fatores de ponderação e aplicar os cálculos;

- **ajustamento exponencial**: método utilizado por empresas que estão lançando novos produtos em mercados dinâmicos, como é o caso dos produtos tecnologicamente fortes. O método consiste em levantar o histórico da demanda para produtos semelhantes, identificar os fatores de correção exponencial e aplicar os cálculos;

- **julgamentos e opiniões**: método utilizado pelas empresas que estão lançando novos produtos sem histórico de produtos semelhantes. Nesse caso, recorre-se a opiniões de especialistas no mercado, equipes de marketing e vendas, e pesquisas junto a clientes em potencial;

- **método de Delphi**: método escolhido para prever demandas de produtos com tecnologia de ruptura, ou seja, um tipo de tecnologia que poderá inovar totalmente o mercado, que, até então, ainda era inexistente. É constituído por convite aos especialistas, elaboração de questionários, coleta de dados e promoção da inter-relação das respostas.

Finalmente, para um planejamento adequado da capacidade, é importante definir uma política de capacidade produtiva para a empresa. Isso deve estar atrelado à estratégia geral, para que não haja divergências. Existem três políticas gerais de capacidade de produção:

- **política de capacidade constante**: as flutuações de demanda são ignoradas e os níveis de atividade produtiva são mantidos, originando-se estoques de produtos acabados. Essa política não pode ser aplicada às empresas de serviços, e é necessário um controle de custos de material estocado bastante rígido para que não haja comprometimento do faturamento;

- **política de acompanhamento da demanda**: a capacidade de produção é ajustada de acordo com as flutuações da demanda. Isso significa operar sob demanda, e é necessária uma alta flexibilidade na produção para não comprometer os prazos de entrega;
- **política de gestão da demanda**: ajusta a demanda às disponibilidades da produção. A empresa que opta por praticar essa política precisa ter um diferencial competitivo muito elevado, além de um programa de intenso relacionamento positivo com os clientes.

A medida da capacidade é uma razão direta da demanda, podendo-se dizer que a previsão da demanda é o principal insumo para o planejamento e para o controle da capacidade produtiva. Outro fator importante no cálculo da capacidade produtiva é o *mix* de atividades da empresa, ou seja, a diversidade de produtos e/ou serviços que ela oferece a seus clientes.

As duas principais medidas da capacidade produtiva são a utilização e a eficiência. A primeira é a razão entre o volume de produção real e a capacidade de projeto, e a segunda, a razão entre o volume de produção real e a capacidade efetiva.

$$\text{Utilização} = \frac{\text{Volume de produção real}}{\text{Capacidade de projeto}}$$

Tipos de políticas de planejamento da capacidade produtiva.

$$\text{Eficiência} = \frac{\text{Volume de produção real}}{\text{Capacidade efetiva}}$$

■ PARA RESOLVER

1. A empresa Air Flash fabrica aparelhos de ar-condicionado de 3 modelos: 1.000 BTU, 2.000 BTU e 3.000 BTU. O modelo 1.000 BTU pode ser montado em 1,5 hora, o modelo 2.000 BTU em 2 horas, e o modelo 3.000 BTU em 3 horas. Se a montagem tiver uma disponibilidade de 800 horas de trabalho por semana, e a demanda ocorrer na proporção 2:3:2, qual é a capacidade de produção semanal em número de unidades?

2. A empresa Refrigerantes Moleque possui uma linha de engarrafamento de refrigerantes de diversos sabores, cuja capacidade de projeto é de 200 litros por minuto, e que opera 24 horas por dia, 7 dias por semana (168 horas por semana). Um apontamento de paradas de produção acusou perdas, conforme mostra a tabela abaixo. Considerando esse fato, calcule a eficiência e a utilização.

Item	Especificação	Perda
1	Mudança de produtos – *set-ups*	20 h
2	Manutenção preventiva regular	16 h
3	Nenhum trabalho programado	8 h
4	Amostragens de qualidade	8 h
5	Tempo de trocas de turno	7 h
6	Paradas para manutenção	18 h
7	Falhas de qualidade	20 h
8	Falta de estoque de material	8 h
9	Falta de pessoal	6 h
10	Espera por vasilhames	6 h

3. A Icebom Ltda. é uma das maiores fabricantes de sorvetes pasteurizados do país. Na tentativa de projetar a demanda para o ano de 2014, uma equipe de profissionais foi contratada para fazer uma análise no desempenho das vendas nos últimos 5 anos e conseguiu os resultados apresentados na tabela abaixo. Analise os resultados das tabelas de vendas nos últimos anos e preveja a venda trimestral para o ano de 2014, pelo ajustamento exponencial, considerando a previsão de 2013 feita pela média móvel simples dos anos de 2010 a 2012, e $\alpha = 0,95$.

Consumo em toneladas de sorvete					
Trimestre	2009	2010	2011	2012	2013
1	128	152	174	190	
2	64	74	90	90	
3	25	25	26	30	
4	98	114	130	125	
Total					
Média					

ATENÇÃO: veja as soluções para os exercícios no *site* www.manoleeducacao.com.br/licoesdegestao.

■ PARA REFLETIR

1. Por que alguns gestores de produção alegam que trabalhar com horas-extras é contraproducente?
2. O que significa a formação de filas de clientes ou de produtos a serem processados em postos de atendimento ou postos de trabalho?

AULA 4

LAYOUT (ARRANJO FÍSICO)

OBJETIVOS DESTA AULA

- Demonstrar como selecionar o arranjo físico mais adequado para cada tipo de empresa e cada tipo de operação;
- apresentar a influência da relação volume × variedade na escolha do arranjo físico.

Bem, vamos à aula!

Muito provavelmente você já deve ter visto algum anúncio de venda de apartamento no caderno de imóveis de algum jornal. Se você ainda não teve essa oportunidade, no próximo domingo, dê uma olhadinha em um desses anúncios. Você vai verificar, ao olhar a planta do apartamento, que em cada cômodo estão desenhados os móveis sugeridos para decorá-lo, respeitando a devida escala dimensional (Figura 1).

O que é um *layout*?

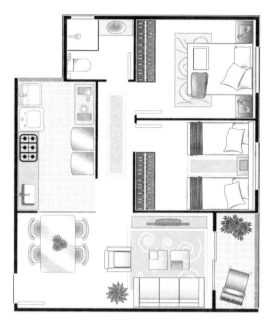

FIGURA 1 Modelo de *layout* de um apartamento.

Na Figura 1, há um exemplo de arranjo físico de um apartamento, que é uma forma de organizar a mobília, os armários e os espaços para a circulação das pessoas, entre outros. No caso das empresas, o arranjo físico organiza os equipamentos, as máquinas, os espaços de circulação das pessoas, etc.

É muito comum empresas crescerem desordenadamente e irem ocupando os espaços com a aquisição de novos equipamentos, sem que qualquer método seja observado. Isso é a mesma coisa que comprar uma casa e amontoar os móveis de qualquer maneira, o que irá dificultar muito a arrumação da residência. Uma empresa sem um arranjo físico adequado também será prejudicada no fluxo de produção.

Como você ainda deve ser um microempresário, supõe-se que sua empresa inicialmente seja bastante pequena, com poucos equipamentos. Assim, agora é a hora de escolher o arranjo físico mais adequado e implantá-lo rapidamente. Se você deixar isso para depois, certamente vai ter alguns dos dissabores apresentados a seguir:

- Mudar um arranjo físico de uma empresa de médio ou grande porte é uma tarefa difícil, longa e onerosa. Mesmo para uma micro ou pequena empresa, essa atividade acaba gerando um certo desconforto.
- O rearranjo físico irá interromper a operação da sua empresa, o que provavelmente causará atrasos nas entregas para seus clientes, levando-os à insatisfação. Além disso, você perderá tempo de produção, que jamais poderá ser recuperado.
- Um arranjo físico errado acarreta fluxos de operação longos e confusos, níveis elevados de estoques de materiais em processamento, excesso de recursos de mão de obra e operações inflexíveis. Esses inconvenientes, somados a outros menores, farão com que sua empresa opere abaixo da eficiência esperada, o que poderá acarretar prejuízos operacionais.

ATENÇÃO: veja essas dicas.

Assim, definir um arranjo físico adequado deve ser uma de suas tarefas prioritárias, sob pena de dificilmente se ter uma nova oportunidade como essa no futuro. Aproveite esse momento enquanto sua empresa ainda está na fase inicial.

O arranjo físico pode significar o arranjo existente ou o arranjo proposto. Dessa forma, quando você ouvir falar de arranjo físico, o termo pode estar se referindo à instalação de uma empresa, a um projeto de uma nova instalação, ao projeto de um espaço publicitário, ou até ao projeto de uma embalagem.

Nesse caso, o arranjo físico preocupa-se com a localização física dos recursos, ou seja, onde você vai colocar determinado equipamento dentro da área ocupada pela sua empresa, onde você vai colocar sua mesa de trabalho, ou ainda, por onde as pessoas vão passar para ir a seus respectivos postos de trabalho.

O arranjo físico determina a "forma" e a "aparência" de uma área de operações. Um arranjo físico adequado vai transmitir para seus clientes e colaboradores a imagem de uma empresa organizada, na qual cada coisa está no seu devido lugar e na qual existe um lugar para cada coisa.

Ao elaborar o arranjo físico de sua empresa, você deve ter em mente os seguintes objetivos:

Quais são os objetivos de um *layout*?

- integração de todos os departamentos e atividades da empresa;
- espaços para a movimentação de materiais e componentes de forma que as distâncias percorridas sejam mínimas;
- fluxo de produção da empresa;
- utilização de todo o espaço disponível;
- segurança nos deslocamentos das pessoas entre os equipamentos e departamentos;
- flexibilidade suficiente para que as coisas possam ser realocadas rapidamente;

- viabilização de um ambiente de trabalho agradável de forma que os trabalhadores e clientes fiquem satisfeitos.

A redução no custo dos produtos é um dos principais benefícios de que sua empresa pode usufruir ao utilizar um arranjo físico adequado. Isso ocorre em virtude da redução do tempo de produção.

Um arranjo físico adequado também reduz os investimentos em capital de giro, pois diminui as filas de espera, fazendo com que os tempos de atravessamento ou *lead-times* (períodos decorridos entre a entrada da matéria-prima na fábrica e a efetiva entrega do produto acabado ao cliente) sejam mais curtos, assim como o recebimento.

Existem quatro tipos básicos de arranjo físico:

- arranjo físico posicional ou por posição fixa;
- arranjo físico por processo ou funcional;
- arranjo físico celular;
- arranjo físico por produto ou linear.

Quais os tipos básicos de *layout*?

Você poderá escolher entre os quatro tipos predeterminados ou poderá desenvolver um sistema híbrido, utilizando diferentes tipos de arranjo físico para diferentes áreas. Poderá ainda, dentro da mesma área, utilizar dois ou mais tipos de arranjo físico, desde que bem delineados.

Dê uma olhada na Tabela 1 e verifique quais as vantagens e desvantagens que cada tipo de arranjo físico pode oferecer à sua empresa.

Tabela 1 – Vantagens e desvantagens de cada tipo de arranjo físico		
Tipo de layout	**Vantagens**	**Desvantagens**
Posicional	Grande flexibilidade de tipos de produtos e de processos de produção. Produto não movimentado durante a produção. Alta variedade de tarefas para a mão de obra.	Custos unitários muito altos. Programação muito complexa de espaços e de atividades. Muita movimentação de equipamentos e de mão de obra.
Processo	Grande flexibilidade de tipos de produtos e de processos de produção. Fácil absorção de casos de interrupção de etapas. Facilidade na supervisão do trabalho.	Baixa utilização de recursos. Alto estoque em processo ou filas de produtos em processo. Fluxo complexo e difícil de ser controlado.
Celular	Excelente relação entre custo e flexibilidade para operações com variedade relativamente alta. Atravessamento rápido. Trabalho em grupo resulta em melhor motivação.	É oneroso reconfigurar o arranjo físico atual. Requer capacidade adicional em alguns casos. Reduz os níveis de utilização de recursos.
Produto	Baixos custos unitários para altos volumes. Grande possibilidade de automatização dos equipamentos. Movimentação de materiais conveniente.	Baixa flexibilidade de tipos de produtos. Sensível a interrupções. Trabalho excessivamente repetitivo.

Para sedimentar melhor a ideia de escolha do tipo de *layout* mais adequado, observe a Figura 2, em que são apresentados os tipos de *layout* mais adequados em função da relação volume × variedade.

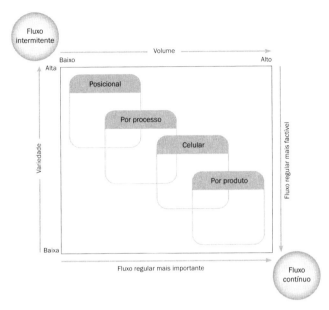

FIGURA 2 Tipos de *layout* pela relação volume × variedade (Fonte: Slack, 2002).

Agora que você já descobriu que, para qualquer tipo de arranjo físico, existem vantagens e desvantagens, veja o que você deve observar para escolher o tipo de arranjo físico mais adequado:

1. Você precisará definir a estratégia de mercado que sua empresa pretende assumir, ou seja, se você vai fabricar um produto diferenciado ou se você pretende fazer produtos a custo baixo. Cuidado, pois "custo", neste caso, é o custo de produção, e não o preço de venda.
2. Você precisará também definir se sua empresa vai trabalhar com produtos sob encomenda ou sob projeto, com produção em série, ou ainda com produção contínua. Os engenheiros chamam isso de "volume de produção".
3. Outra coisa que você precisará definir é se sua empresa vai trabalhar com muitos modelos diferentes de produ-

> Considere sempre a relação volume × variedade.

tos ou com um único modelo, o que é chamado de "variedade".

4. Finalmente, você precisará estabelecer qual o fluxo de produção mais adequado para seus produtos, ou seja, qual o melhor caminho para os produtos percorrerem dentro de sua empresa, desde o recebimento da matéria-prima até a expedição dos produtos acabados.

Depois de ter conhecimento dessas informações, observe nos gráficos da Figura 3 como escolher o tipo de *layout* mais adequado, com base na relação custo × volume de produção.

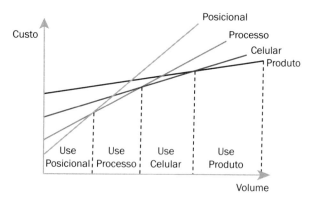

FIGURA 3 Escolha dos tipos de *layout* pela relação custo × volume (Fonte: Slack, 2002).

Qual o tipo mais comum de *layout*?

Sem dúvida, o arranjo físico por processo (ou funcional) é o mais comum que existe. Isso ocorre porque as empresas em fase inicial começam suas operações com a produção de pequenas séries, deixando as grandes séries para empresas de maior porte, uma vez que, para produzir em grandes volumes, a empresa necessita de maiores recursos também.

Assim, para qualquer microempresário, resta apenas a estratégia mercadológica da "diferenciação" e, nesse momento, o arranjo físico por processo, e até mesmo o posicional, considerando-se o trabalho de oficina, são os mais adequados.

Como você já deve ter observado, o arranjo físico por processo é indicado para produção em séries e variedades de tipos mediano a alto. Como é um arranjo físico característico de movimentação do produto entre os recursos de transformação, a primeira coisa a ser observada nesse caso é o fluxo do processo.

Você deve dispor as áreas produtivas ou os recursos de forma que o fluxo do processo seja o mais linear possível. Por outro lado, são importantes também os deslocamentos, ou seja, como o produto se desloca entre um posto de trabalho e outro, ou entre uma área produtiva e outra. É importante descobrir qual o menor caminho a ser percorrido, pois, dessa forma, quanto menor o percurso percorrido pelo produto, maior será a eficiência do arranjo físico.

O arranjo físico por processo utiliza tipicamente os conceitos da administração científica do início do século XX, quando Taylor, Ford e seus seguidores pregavam a especialização das funções e a departamentalização por funções. Pois bem, no arranjo físico por processo, aloca-se funções parecidas próximas umas das outras.

Assim surgiu, por exemplo, o departamento de compras em que os compradores de qualquer tipo de insumo atuam juntos, sob a mesma supervisão. A maior vantagem desse tipo de operação é a flexibilidade, ou seja, apesar de existir um comprador especializado em adquirir matéria-prima, eventualmente ele poderá auxiliar um colega, comprador de material de limpeza, em um determinado aumento da demanda, e vice-versa.

O arranjo físico dentro dos departamentos também pode seguir a mesma linha, ou seja, funções parecidas ficam agrupadas. Por exemplo, se no departamento de compras houvesse quatro compradores para matéria-prima, seus postos de trabalho ficariam muito próximos.

Na Figura 4, há um exemplo simples de um *layout* por processo (ou funcional) que apresenta somente as áreas produtivas e de estocagem, mas não o detalhe das máquinas e dos equipamentos.

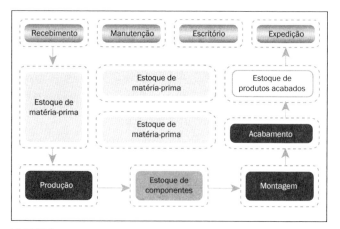

FIGURA 4 *Layout* funcional apresentando somente as áreas produtivas.

A Figura 5 apresenta um *layout* por processo (ou funcional), detalhando a localização das máquinas e dos equipamentos.

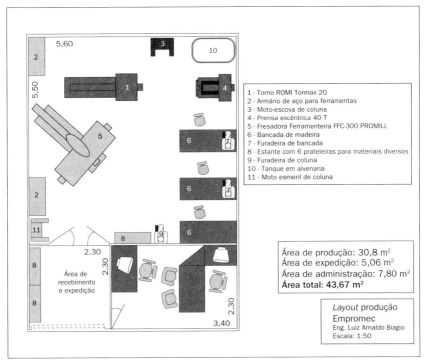

FIGURA 5 *Layout* por processo detalhando a localização das máquinas e dos equipamentos.

Em casos de fluxo de produção muito complexos e de um grande *mix* de produtos, as empresas reestruturam o *layout* por processo (ou funcional), dando origem ao *layout* celular.

Uma célula de manufatura agrega, no mesmo local, diversas máquinas diferentes que fabricam o produto completo. Para estruturar o *layout* celular com eficiência, é necessário formar famílias de produtos, ou seja, produtos com características construtivas semelhantes. O material se desloca entre os equipamentos que compõem a célula.

O *layout* celular apresenta como principais características:

- flexibilidade relativa para tamanhos de lotes;
- ideal para famílias de produtos;
- redução de deslocamentos de materiais e estoques;
- oferecer a possibilidade de aumentar a qualidade e a produtividade;
- aumento da satisfação das pessoas com o trabalho;
- aumento da responsabilidade sobre o trabalho realizado.

A Figura 6 demonstra um *layout* por processo de um grupo de produtos, reformulado para um *layout* celular.

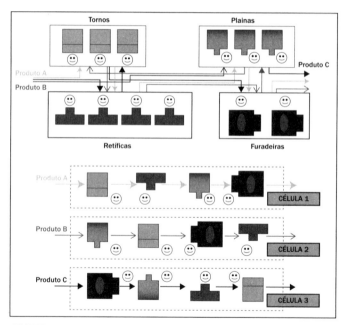

FIGURA 6 Exemplo de *layout* por processo reformulado para celular.

Para empresas que atuam com produtos de grande porte, produtos fixos, ou ainda produtos sensíveis à locomoção, como fabricantes de navios, construtoras e centros cirúrgicos, a melhor opção de *layout* é o posicional (ou *layout* por posição fixa).

Nesse tipo de *layout*, o material fica fixo em uma determinada posição e os recursos de transformação se deslocam até ele para as operações necessárias. Em virtude das alterações durante a operação, pela movimentação dos recursos transformadores, áreas de produção complexas parecem caóticas.

A Figura 7 apresenta o *layout* posicional de um hangar para manutenção de aeronaves.

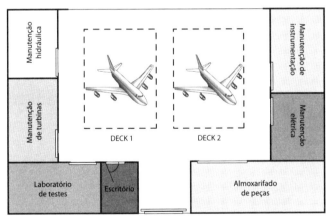

FIGURA 7 Exemplo de *layout* posicional em um hangar para manutenção de aeronaves.

Quando se trata de linha de montagem ou produção em alta escala, a melhor alternativa é dirigir o *layout* em função do produto, o que significa alocar os recursos de transformação segundo a melhor conveniência do recurso transformado.

CUIDADO: o balanceamento da linha é o maior entrave para o *layout* por produto.

O fluxo de produção é claro e bastante previsível, o que torna o arranjo físico por produto fácil de controlar.

O maior problema na implantação desse tipo de *layout* é o balanceamento de linha, ou seja, determinar o mesmo ritmo para todos os postos de trabalho, automatizados ou não. Postos de trabalho mais lentos causam gargalos e geram estoques intermediários, e postos de trabalho mais rápidos acabam gerando baixa utilização dos equipamentos ou dos trabalhadores.

Outro cuidado a ser tomado com o *layout* por produto é quanto ao alto investimento em automação que se faz necessário.

A Figura 8 apresenta um modelo de *layout* por produto, organizado em linha de produção.

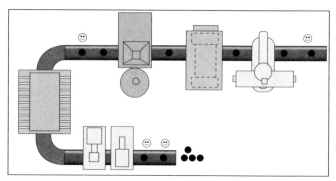

FIGURA 8 *Layout* por produto organizado como linha de produção.

Você ainda poderá combinar um ou mais tipos de *layout*, pois, dependendo do seu *mix* de produtos, apenas um tipo de *layout* poderá ser eficiente para um determinado produto, mas não oferecer o mesmo resultado para outro tipo.

Para a elaboração do *layout*, você deve observar as etapas enumeradas a seguir:

ATENÇÃO: Siga estas dicas.

1. Determinar a quantidade de produtos a produzir.
2. Planejar o todo e depois as partes.
3. Planejar o ideal e depois o prático.
4. Calcular o número de máquinas e equipamentos.
5. Escolher o tipo de *layout* considerando o fluxo de produção e a relação volume $\times$ variedade.
6. Elaborar a distribuição em uma maquete ou planta, sempre em escala.
7. Considerar as áreas de circulação e armazenamento.
8. Reformular sempre que necessário, até obter um resultado satisfatório.

O importante é você ter sempre em mente que, qualquer que seja o tipo de *layout* escolhido, ele terá sempre que ser balizado pelo fluxo de produção, pela relação volume $\times$ variedade e pelo nível de investimento requerido. A boa prática manda construir uma planta em escala 1:100 ou 1:50.

Não se esqueça de fazer a planta em escala 1:100 ou 1:50.

■ PARA RESOLVER

1. A empresa Selocerto fabrica selos mecânicos, atuando na área de manutenção, reforma e fabricação. O arranjo físico é semelhante a uma oficina, mas procura-se obedecer ao fluxo de fabricação. A prática demonstrou a necessidade de uma área de 3 $\times$ 4 m para recebimento de material, junto à porta de entrada, e de uma área de 3 $\times$ 4 m para expedição de produtos acabados, junto à porta de saída. O fluxo de processo obedece a três etapas básicas para qualquer tipo de produto:

desmontagem, fabricação e montagem. Para as ordens de serviço relativas a produtos novos, a etapa de desmontagem é desprezada, porém, as etapas de fabricação e montagem são obrigatórias para quaisquer casos. Veja a figura abaixo e aloque os equipamentos que estão faltando. Para tanto, utilize a planilha Excel® disponível no *site*: www.manoleeducacao.com.br/licoesdegestao.

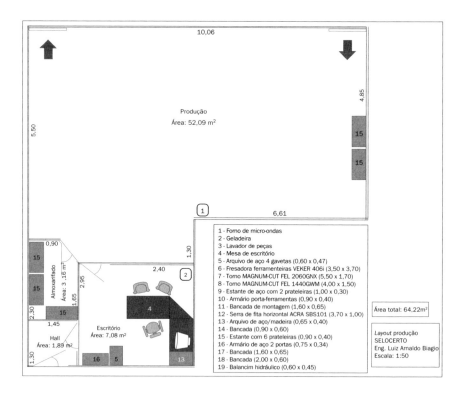

- **PARA REFLETIR**
    1. Por que o tipo de *layout* predominante entre as MPE é o *layout* por processo?
    2. Exemplifique os tipos de empresas comerciais que utilizam *layout* posicional, por processo, celular e por produto.

AULA 5

GESTÃO DOS SISTEMAS DE PRODUÇÃO

OBJETIVOS DESTA AULA

- Definir o que é gestão dos sistemas de produção;
- demonstrar como escolher o sistema de produção mais adequado dentre os tipos existentes.

Bem, vamos à aula!

O que é um sistema de produção? A ideia de sistema de produção veio dos estudos do biólogo Bertalanffy sobre os sistemas vivos (orgânicos). Ele criou uma analogia com as organizações, as quais passou a chamar de sistemas organizados, dando origem, em 1968, à Teoria dos Sistemas.

O que é um sistema organizado?

Segundo essa teoria, uma empresa deve atuar em sincronismo, tal qual um sistema vivo ou orgânico, em que uma anomalia no funcionamento causa mal-estar e dor, fazendo com que todo o organismo padeça. Nos sistemas organizados,

Nos sistemas organizados, anomalia = prejuízo.

uma anomalia no funcionamento causa prejuízos financeiros ou perda de clientes.

Assim, um sistema de produção é o conjunto de atividades que, atuando de forma sincronizada, transformam as entradas em saídas de forma eficaz, traduzindo-as em lucro para a empresa.

Para que esse sistema atue de forma sincronizada, é necessária a adoção de um conjunto de métodos para planejar, programar, executar e controlar o processo de transformação dos recursos de entrada em produtos e serviços com eficácia. Esse conjunto é chamado pelos especialistas de gestão do sistema de produção.

Existem basicamente três tipos de organização da produção, que podem ser chamados de subsistemas de produção:

Três tipos de organização da produção:
• Produção sob encomenda
• Produção em série
• Produção contínua

- **produção sob encomenda**: a matéria-prima é adquirida, o projeto do processo de produção é efetuado e a logística de expedição dos produtos acabados é planejada somente após o recebimento do pedido. A empresa não opera com estoques;
- **produção em série**: a matéria-prima é adquirida, as ordens de produção são emitidas e a logística de expedição dos produtos acabados é programada em função dos prazos de entrega de cada lote. A empresa opera com estoques mínimos, somente para assegurar o ciclo de produção de cada lote;
- **produção contínua**: a aquisição da matéria-prima, a produção e a logística de expedição dos produtos acabados são programadas em função de um planejamento para determinados períodos.

Cada forma de organização da produção exige um sistema de gestão particular, mas também é possível combinar dois ou mais sistemas de gestão.

Ao longo do tempo, diversas formas de gerenciar a produção foram surgindo, cada uma delas dedicada às necessidades das empresas, tendo como objetivo fazer acontecer a estratégia de mercado adotada por cada uma.

Organização racional do trabalho

A partir de 1910, com a primeira edição do livro "Princípios da Administração Científica", de Frederick Taylor, o mundo industrial iniciou uma verdadeira revolução da produtividade. Naquele período, surgiram os conceitos de linha de montagem, de racionalização do trabalho, de estudos de tempos e movimentos, e uma série enorme de metodologias aplicadas à produção de bens e serviços.

> Para saber mais, leia "Princípios da Administração Científica", de Frederick Taylor.

A ideia era padronizar as operações industriais e subdividi-las em tarefas mais simples e repetitivas, de forma que treinar uma pessoa para executá-las seria bastante simples.

A organização racional do trabalho é baseada em quatro princípios básicos:

- **planejamento**: substituição da improvisação pela ciência;
- **preparo**: melhor seleção e treinamento dos funcionários;
- **controle**: trabalho baseado em normas mensuráveis e passíveis de verificação;
- **execução**: disciplina na realização das tarefas.

> Princípios da organização racional do trabalho.

Nos estudos de tempos e movimentos, a fadiga humana foi considerada pela primeira vez.

O estudo de tempos e movimentos foi uma das consequências dos princípios da organização racional do trabalho. Trata-se de uma técnica de medida do trabalho para registrar os tempos e o ritmo de trabalho para uma tarefa realizada sob condições especificadas, de forma a obter o tempo necessário para a realização de um trabalho com um nível definido de desempenho.

O estudo de tempos e movimentos tem os seguintes objetivos:

■ estabelecer padrões para os programas de produção;
■ fornecer informações para determinação dos custos;
■ fornecer informações para o estudo de balanceamento de produção;
■ fornecer informações para programas de melhorias de produtividade.

A determinação dos tempos para a realização das atividades possibilitou o cálculo do custo da mão de obra, do carregamento da produção e das necessidades de pessoal, e, principalmente, os cálculos de produtividade, eficiência e utilização dos recursos de transformação.

O estudo dos tempos e movimentos permitiu a obtenção dos tempos-padrão, cujos objetivos são: estabelecer comparativos de rendimento entre as pessoas que realizam as mesmas atividades, fazer previsões e encontrar indicadores de fadiga.

Os tempos-padrão são determinantes no cálculo da eficiência e da produtividade.

De uma forma simplificada, você poderá calcular o tempo-padrão utilizando a sequência a seguir:

- Calcular a média das "n" cronometragens, obtendo-se o tempo cronometrado TC ou tempo médio TM.
- Calcular o tempo normal TN, considerando a velocidade do operador V.

$$TN = TC \times V$$

- Calcular o tempo-padrão TP, considerando o fator de fadiga Ft.

$$TP = TN \times Ft$$

TC = tempo cronometrado médio.

V = velocidade do operador.

TN = tempo normal da operação.

Ft = fator de fadiga.

TP = tempo-padrão.

Outra importante contribuição da organização racional do trabalho foram os fluxogramas, que nada mais são que a representação gráfica das atividades de produção para o processo de transformação das entradas de recursos em saídas de produtos e serviços.

Utilizando os fluxogramas, é possível identificar atividades que agregam ou não valor ao produto, ou seja, aquelas atividades que efetivamente transformam os recursos de entrada em produtos e serviços. Por exemplo: atividades de inspeção da qualidade e de estocagem não agregam valor ao produto.

Em resumo, os fluxogramas permitem identificar os gargalos de produção, facilitam o dimensionamento dos recursos a

O que é um fluxograma?

Para que serve um fluxograma?

serem utilizados, apresentam o fluxo de informações e identificam as operações que não agregam valor ao produto.

As Figuras 1 e 2 apresentam, respectivamente, alguns símbolos utilizados em fluxogramas e o exemplo de um fluxograma.

FIGURA 1 Simbologia padrão utilizada na elaboração de fluxogramas.

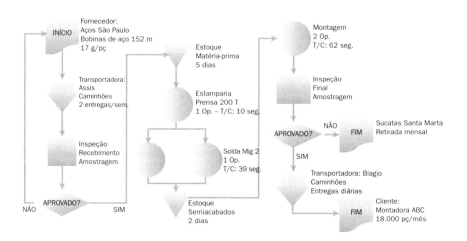

FIGURA 2 Exemplo de um fluxograma.

A Organização Racional do Trabalho, com o objetivo de padronizar as atividades operacionais, proporcionou a criação de uma série de formulários para serem utilizados no controle de operações, na orientação de pessoas que utilizam as atividades de produção e no planejamento de atividades.

Um exemplo é o formulário Roteiro de Fabricação, apresentado na Figura 3, que serve tanto para o planejamento das atividades quanto para a orientação da equipe de produção, e pode ser considerado um verdadeiro registro do conhecimento tecnológico da empresa.

Para que serve o Roteiro de Fabricação?

Roteiro de fabricação						Data	
						Fls.:	
Produto:					Lote		
Cliente:			Uso:		Elaborado por:		
Matéria-prima/Componentes			Fornecedor/ Centro de custo	Quant.	Unid.	Custo líquido	Custo total
Centro de custo	Oper. nº	Descrição da operação	Nº operad.	Equipamentos, máquinas e ferramentas	Tempo de *set- -up*	Tempo de operação	Custo/ hora (R$)	Custo total (R$)

FIGURA 3 Modelo de formulário de Roteiro de Fabricação.

O que é e para que serve uma Ordem de Serviço?

Há também as Ordens de Serviço, formulários utilizados pela área de planejamento da produção para transmitir informações de uma forma sistematizada para a própria produção. O formulário da Ordem de Serviço (OS) é muito semelhante ao do Roteiro de Fabricação, com menos especificações técnicas e mais espaços para apontamentos dos tempos efetivos de realização das atividades.

A Figura 4 apresenta um modelo de Ordem de Serviço, que você precisará adaptar para o caso específico de sua empresa.

Ordem de serviço					Nº:			
Nome do projeto:					Nº do projeto:			
Cliente:								
Lista de material nº		Aplicação:		Data de emissão:		Fls:		Ed.:
Orçamento nº			Cronograma de projeto nº		Elaborado:	Data:	Aprovado:	Data:
Nº Op.	Tempo orçado	Grupo de serviço	Descrição da atividade	Data		Início (hora)	Término (hora)	Tempo total
Controle da qualidade:		Nota fiscal/fatura/data:		Tempo total estimado:		Tempo total realizado:		

FIGURA 4 Modelo de formulário da Ordem de Serviço.

Just in time (JIT)

O JIT é um sistema de gestão da produção que objetiva aliar a velocidade da produção com as demandas do cliente, reduzindo o desperdício e utilizando o conceito de produção puxada.

O JIT considera que a redução dos níveis de estoque permite a visualização dos problemas de forma que seja possível eliminá-los. Imagine um reservatório de água com pedras no fundo, encobertas pelo nível de água. Ao diminuir o nível de água, as pedras irão aparecer. Fazendo uma analogia com o JIT, as pedras são os problemas da produção e o nível da água, o nível dos estoques. Baixando-se o nível dos estoques de material em processo, os problemas virão à tona e, assim, poderão ser resolvidos.

O sistema JIT baseia-se na produção puxada, ou seja, quem define o que deve ser feito pelo processo precedente é o processo subsequente. De maneira oposta, na produção empurrada, os produtos são empurrados do processo precedente para o processo subsequente, sem levar em consideração se serão utilizados ou não.

O JIT proporciona alta performance nos objetivos de desempenho da produção: qualidade, rapidez, confiabilidade, flexibilidade e custo baixo; porém, exige alguns sacrifícios também. Empresas operando em JIT sacrificam a utilização de sua capacidade, pois, se algum problema ocorrer, como interrupção da produção por manutenção de equipamentos, isso afetará todo o sistema, causando interrupções em todo o sistema produtivo, em decorrência da falta de estoques intermediários reguladores.

> *Just in time* (JIT) também é conhecido como Sistema Toyota por causa de sua origem.

> O JIT adota a produção puxada em vez da produção empurrada.

> O JIT exige alta performance nos objetivos de desempenho da produção.

As Figuras 5 e 6 trazem representações esquemáticas de áreas de produção operando com produção empurrada e com produção puxada, respectivamente.

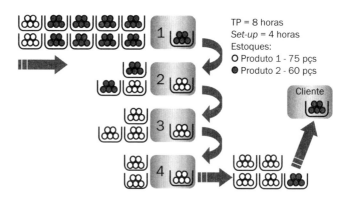

FIGURA 5 Representação esquemática da produção empurrada.

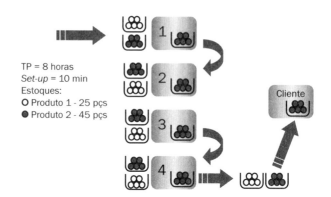

FIGURA 6 Representação esquemática da produção puxada.

A produção JIT apoia-se em alguns elementos básicos importantes:

- **plano mestre de produção**: horizonte de 1 a 3 meses para os postos de trabalho planejarem sua produção;
- *kanban*: cartões para retirar peças de um posto de trabalho e enviar para outro;
- *set-up* **rápido**: redução dos tempos de preparação de máquinas;
- **colaborador multifuncional**: o próprio operário faz as manutenções de rotina, opera vários equipamentos e verifica a qualidade daquilo que produz;
- **qualidade**: ênfase na prevenção de defeitos e utilização de métodos estatísticos;
- **fornecedores**: entregas frequentes diretamente na linha de produção e com qualidade assegurada;
- **estoques**: diretamente na linha de produção, e não mais em almoxarifados;
- *housekeeping*: cada coisa no seu lugar e um lugar para cada coisa.

DICA: veja mais sobre Plano Mestre de Produção e *kanban* na Aula 6.

O JIT está baseado em três razões-chave: a eliminação dos desperdícios, o envolvimento dos trabalhadores na produção e a melhoria contínua.

O JIT entende como desperdício todas as atividades que nao agregam valor ao produto, ou seja, que nao afetam o produto durante o processo de transformação, como atividades de espera, inspeção, etc.

Pela filosofia JIT, identificar o desperdício é o primeiro passo para a sua eliminação. Existem sete fontes de desperdício nas operações de qualquer tipo de empresa:

- **superprodução**: produzir mais que a necessidade demandada pelo processo subsequente, o que gera estoques de material em processo;
- **tempo de espera**: tempo que os materiais esperam nos processos de transformação enquanto os operadores e os equipamentos estão ocupados produzindo produtos que não serão consumidos naquele momento, ou seja, produzindo para estoque;
- **transporte**: movimentação desnecessária de materiais dentro das áreas produtivas ou realocação de materiais, operações que não agregam valor. A utilização do *layout* adequado tende a eliminar esse tipo de desperdício;
- **processo**: em virtude do projeto deficiente de componentes ou da manutenção ruim de máquinas e equipamentos, surge a necessidade da realização de operações adicionais;
- **estoque**: todo tipo de estoque é considerado desperdício e, portanto, um alvo a ser eliminado. A estratégia é identificar as causas do estoque e, por meio de sua eliminação, solucionar o problema;
- **movimentação**: as técnicas de simplificação do trabalho devem ser aplicadas à exaustão, reduzindo os desperdícios de movimentação;
- **produtos defeituosos**: uma das maiores fontes de desperdício das empresas, sob forma de refugos, retrabalhos e remanufaturas.

O envolvimento dos trabalhadores é promovido pelo incentivo à solução dos problemas pelas equipes de trabalho. O JIT aponta como fatores fundamentais de sucesso encorajar a responsabilidade pessoal e a liberdade para tomada de decisão pelos trabalhadores, além do enriquecimento dos cargos por meio da realização de tarefas desafiadoras, da rotatividade das funções e do desenvolvimento de multi--habilidades.

> DICA: o comprometimento do pessoal é fundamental para o sucesso do JIT.

A terceira razão-chave do JIT é o aprimoramento contínuo. O principal objetivo do JIT é "atender à demanda no momento exato, com qualidade perfeita e sem desperdício". Parece óbvio ser impossível para uma empresa atingir plenamente esse objetivo, mas uma das crenças do JIT é que é possível aproximar-se dele ao longo do tempo. Assim, o aperfeiçoamento contínuo passa a ser uma verdadeira obsessão, tanto que já existem diversas metodologias para implementar essa filosofia, como o PDCA (Planejar, Fazer, Checar, Agir, do inglês *Plan*, *Do*, *Check*, *Act*) e o *kaizen*, que, em japonês, quer dizer aprimoramento contínuo.

> DICA: pesquise sobre as metodologias de aperfeiçoamento contínuo: PDCA, *kaizen* e *Six Sigma*.

Manufatura enxuta

O método de gestão do sistema de manufatura é baseado no Mapeamento do Fluxo de Valor, uma ferramenta que é utilizada para ajudar a enxergar e entender o fluxo de material e o fluxo de informação à medida que o produto segue a sequência de fabricação.

O fluxo de valor é composto por todas as atividades (que agreguem valor ou não) necessárias para levar um produto desde o fornecedor da matéria-prima até o cliente.

O que é fluxo de valor?

O fluxo de valor é o coração da manufatura enxuta, e mapeá-lo tem importância ímpar para o sistema de gestão. O mapeamento do fluxo de valor:

- permite visualizar todo o fluxo, e não apenas os processos individuais;
- aponta as fontes de desperdícios;
- padroniza a linguagem de tratamento dos processos de operação;
- permite a visualização e a discussão sobre as decisões a serem tomadas para que o fluxo de valor possa fluir;
- auxilia a implementação das técnicas de aprimoramento em conjunto, evitando medidas isoladas;
- serve como um plano de implementação das medidas necessárias para a manufatura enxuta;
- apresenta a relação entre o fluxo de material e o fluxo de informações;
- é uma ferramenta qualitativa, enquanto os roteiros de fabricação, o fluxograma de produção, etc. são considerados ferramentas quantitativas. As ferramentas quantitativas criam objetivos numéricos, e o mapa do fluxo de valor descreve como sua empresa atingirá os objetivos.

Fluxo de valor = fluxo do processo + fluxo de informações.

Ao planejar o movimento do material pela área de produção, é natural que você pense no fluxo de produção, mas há também um fluxo oculto de igual importância para o sucesso da atividade produtiva: o fluxo de informações, que diz para cada atividade o que fazer em seguida ou o que fazer naquele momento. Tanto o fluxo de materiais quanto o fluxo de informação também devem ser mapeados, pois são fluxos gêmeos.

Para mapear o fluxo de valor, você deverá seguir as etapas descritas abaixo:

- **Selecione uma família de produtos**: uma família de produtos é um grupo de produtos com processos de fabricação semelhantes, ou seja, que utilizam equipamentos e etapas de fabricação semelhantes, seguindo também fluxogramas semelhantes.

- **Desenhe o estado atual**: percorra todo o processo de porta a porta, visualizando sempre o conjunto, e não as operações individuais. O ideal é desenvolver o mapa do estado atual contra o fluxo de valor, ou seja, iniciando pelas demandas do cliente e concluindo com as entregas do fornecedor de matéria-prima. Recomenda-se a utilização de ícones simples para representar as etapas do fluxo de valor. Utilize seu próprio cronômetro quando precisar aferir tempos, evitando basear-se em tempos-padrão, pois estes raramente espelham a realidade.
- **Desenhe o estado futuro**: identifique os pontos em que o fluxo pode ser contínuo, em que existem filas de espera e em que há estoque de material em processo. Adote medidas que possam eliminar ou reduzir as filas e o estoque em processo, e que tornem o fluxo contínuo. Redesenhe o mapa do fluxo de valor no estado futuro.
- **Plano de trabalho e implementação**: desenvolva um plano de implementação e parta para a ação.

As Figuras 7 e 8 apresentam um mapa do estado atual e um mapa do estado futuro, respectivamente.

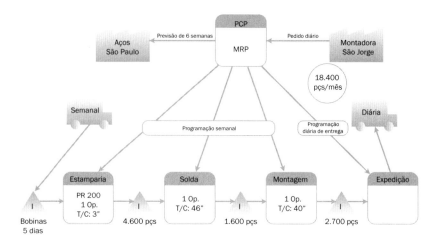

FIGURA 7 Exemplo de mapa do estado atual.

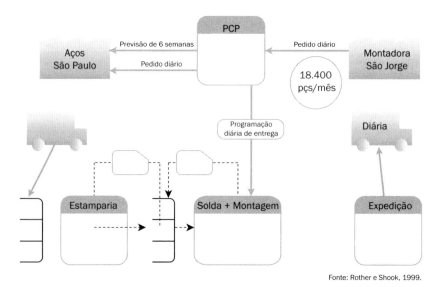

FIGURA 8 Exemplo de mapa do estado futuro.

Agora que você já sabe como fazer o mapeamento do fluxo de valor da sua empresa, mãos à obra. Mas não se esqueça de fazer o mapa a lápis, desenhando os ícones enquanto caminha pela produção, pois isso irá fazer com que você enxergue o fluxo de valor com mais facilidade. Evite o uso de sistemas informatizados para essa atividade.

> DICA: seja adepto da simplicidade.

OPT – Tecnologia de Produção Otimizada

O OPT (*Optimized Production Technology*) é uma técnica de programação de sistemas produtivos baseada no ritmo dos gargalos, que utiliza a terminologia de "tambor, pulmão e corda" para explicar sua abordagem:

> O que é tambor – corda – pulmão?

- **tambor:** centro de trabalho gargalo, ditando o ritmo para o restante da fábrica;
- **corda:** ritmo de trabalho que determina a programação de setores não gargalo, puxando o trabalho na linha de produção de acordo com a capacidade do gargalo, e não com a capacidade do centro de trabalho;
- **pulmões:** estoques de produtos em processo alocados antes do centro de trabalho gargalo, de modo a garantir que ele nunca pare por falta de material, operando em capacidade máxima.

O OPT chama de "gargalo" todas as restrições do processo produtivo, ou seja, tudo aquilo que dificulta a fluidez do processo de transformação. Os princípios básicos do OPT são:

- Como a demanda, o suprimento e o processo de manufatura apresentam variações não planejadas; os gargalos são dinâmicos, modificando sua localização e sua severidade.
- Se os gargalos determinam a programação, os tamanhos de lote podem alterar-se ao longo da fábrica, dependendo do centro de trabalho ser um gargalo ou não.
- Uma hora perdida em um recurso gargalo é uma hora perdida para sempre em todo o sistema.
- Uma hora poupada em um recurso não gargalo é uma miragem.
- Os *lead times* raramente são constantes ao longo do tempo.
- O fluxo é que deve ser balanceado, e não a capacidade.

Para implementar o OPT, você deve seguir o desenho esquemático apresentado na Figura 9, no qual as ações de implementação estão combinadas com outras ferramentas de gestão, como: 5W1H, PDCA e Diagrama de Causa-Efeito.

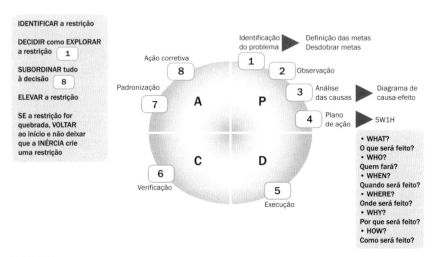

FIGURA 9 Diagrama esquemático para implantação do OPT.

Você deve ficar atento à implantação do OPT, pois trata-se de uma ferramenta apoiada por um *software* cujo valor é praticamente proibido às micro e pequenas empresas. No entanto, alguns conceitos básicos podem ser adaptados a uma micro ou pequena empresa com resultados satisfatórios.

■ PARA RESOLVER

1. A empresa Brindes & Pens fabrica canetas esferográficas cristal. A operação de montagem manual é realizada em 4 etapas: montar a carga, montar a tampa traseira, testar e montar a tampa principal. A operação foi cronometrada 4 vezes, e a empresa considera 25 minutos de perda em função da fadiga e 30 minutos para as necessidades pessoais a cada turno de 8 horas de trabalho. Calcule o tempo-padrão e a quantidade de canetas produzidas por turno, por operador.

2. Um cliente que necessita de exames médicos, associado à Grumed, empresa que fornece serviços de medicina de grupo, percorre o seguinte processo para solicitar seus exames:
   Em primeiro lugar, o cliente deve dirigir-se a um dos postos de atendimento credenciados e apresentar sua carteira de associado. A pessoa responsável pelo atendimento verifica no sistema se o cadastro do cliente está atualizado. Em seguida, caso a última mensalidade ainda esteja em aberto, o atendente solicita o último recibo de pagamento da mensalidade. Após a confirmação de cliente ativo e em dia com os pagamentos, o atendente coloca o cliente em uma fila, para que ele seja atendido por um dos médicos de plantão. O médico averigua o estado geral do paciente, verificando a real necessidade dos exames. Uma vez comprovada essa necessidade, o médico preenche uma ficha de autorização para cada exame a ser

realizado. O cliente deixa o posto de atendimento e dirige-se ao laboratório.

Elabore o fluxograma do processo.

3. Analise o Roteiro de Fabricação abaixo e responda: quais operações não agregam valor ao produto e devem ser eliminadas?

Roteiro de Fabricação						Código: 300-A			
Denominação: *Parafuso do distribuidor*					Cód.: *317-3*	Quant.:			
Uso: *Conjunto do distribuidor*				Código cliente: *VW-223*	Emissão:				
Peso líquido: *0,025 kg*				Analista: *LAB*	Fis: *01* Ed: *01*	*OS*			
Peso bruto: *0,045 kg*				Aprovado: *MF*	Revisão: *00*	Data			
Material			**Perda**	**Código**	**Quant.**		**Unid.**		
Barra de aço SAE 1050			0,2 %	1050-A	200		kg		

OP	CC	Descrição da operação	GS	Ferramenta	Máquina	STD	Obs.	Quant.	Data	REG
01	100	Separar o material no almoxarifado	1	--	Manual	--	Mín. 20 barras			
02	210	Transportar para os tornos	1	--	Empilhad.	--	50 m			
03	310	Cortar no torno	1	A-440	Torno A25	30''	--			
04	--	As peças aguardam em caixas	--	Caixa C	--	--	1 h/ caixa			
05	220	Transportar para as prensas	1	--	Carrinho	--	--			
06	410	Formar a cabeça (prensar)	1	E-521	PR200	5''	--			
07	110	Inspecionar os rebites	1	--	--	--	1 peça/h			
08	--	Aguardar a empilhadeira	--	--	--	--	--			
09	210	Transportar para o rosqueamento	1	--	Empilhad.	--	100 m			
10	510	Rosquear	1	Disp. 35	Rosquead.	10''	--			
11	--	Aguardar a empilhadeira	--	--	--	--	--			
12	210	Transportar para almoxarifado	1	--	Empilhad.	--	50 m			
13	150	Armazenar no almoxarifado de componentes	--	Prat. C14 Caixa B	--	--	Mín. 200 peças			

4. Elabore um fluxograma do processo para a fabricação do produto "Parafuso do Distribuidor" após as modificações sugeridas no exercício 3.

ATENÇÃO: veja as soluções para os exercícios no *site* www.manoleeducacao.com.br/licoesdegestao.

■ PARA REFLETIR

1. Existe a possibilidade de combinar dois ou mais sistemas de gestão com sucesso?
2. Por que não existe um sistema de gestão específico para a produção contínua?

AULA 6

PLANEJAMENTO E CONTROLE DA PRODUÇÃO

OBJETIVOS DESTA AULA

- Apresentar alternativas de respostas para a eterna dúvida: comprar ou produzir;
- determinar quais metodologias de PCP são mais adequadas para cada tipo de empresa.

Bem, vamos à aula!

O Planejamento e o Controle de Produção devem garantir que a produção oferte produtos e serviços de acordo com os requisitos do cliente e de acordo com o projeto, de forma eficiente e eficaz.

O que é Planejamento e Controle de Produção?

O Planejamento e o Controle de Produção atendem aos seguintes objetivos básicos:

- controlar a variação no suprimento;
- controlar a variação da demanda;

- ter respostas rápidas à variação da demanda;
- determinar quando fazer (programação);
- determinar em que ordem fazer (sequenciamento);
- determinar quanto fazer (carregamento);
- monitorar e controlar (fazer acontecer conforme planejado).

Todos esses objetivos podem ser simplificados pela equalização da relação do tempo de produção (P) com o tempo de demanda (D). A relação P/D indica o grau de especulação do mercado. O ideal é que essa relação seja igual a 1, pois, dessa forma, a produção estará plenamente equilibrada com a demanda. Se a relação for maior que 1, a empresa estará produzindo para formar estoques e, se for menor que 1, não estará conseguindo atender à demanda e, portanto, correrá o risco de perder clientes.

Dentro das atividades do PCP, destacam-se:

- **carregamento**: quantidade de trabalho medida em tempo, alocada em um determinado centro de trabalho. É importante que você saiba que um centro de trabalho operando a plena carga tem no máximo 168 horas de trabalho disponível por semana, mas é necessário descontar os tempos relativos às paradas para trocas de produtos (*set-up*), manutenção, descanso e refeições dos operadores, etc. Assim, o tempo real de operação é sempre menor que o tempo total disponível e, no momento de se fazer o carregamento, isso deve ser considerado. Existem duas formas de medir limites de carga: carregamento finito, quando é possível ou necessário limitar a carga (agendamento de horário em um consultório médico ou volume de carga no transporte

A relação P/D indica o grau de especulação do mercado.

Carregamento finito: é necessário limitar a carga de transformação.

marítimo), e carregamento infinito, quando não é possível ou não é necessário limitar a carga (setor de emergências em um hospital ou serviços *drive thru* dos restaurantes rápidos);

- **sequenciamento**: tomada de decisão sobre a ordem em que o trabalho será executado. Cada empresa costuma definir regras específicas para efetuar essa atividade, como restrições físicas, prioridade ao cliente, prazo de entrega, primeiro que entra/primeiro que sai, e tempo total de produção mais longo primeiro. Cada regra traz vantagens e desvantagens; por exemplo, cumprir prazos traz confiabilidade na relação cliente/fornecedor, minimizar o tempo de fluxo traz a vantagem da rapidez, minimizar o estoque em processo traz redução de custo, etc. Você deverá optar antecipadamente pelas regras de sequenciamento que sua empresa irá utilizar e tomar cuidado para não mudar a regra no meio do jogo;

- **programação**: essa é a tarefa mais complexa do PCP, uma vez que ela determina a combinação de trabalhos a serem realizados e os recursos disponíveis para realizá-los. Mas fique calmo, pois, atualmente, você pode contar com o computador para processar as informações e oferecer as melhores opções em programação, dependendo das regras de sequenciamento que você decidir utilizar. Alguns tipos de empresa utilizam programação para trás, ou seja, iniciam a Ordem de Serviço no último instante possível, sem comprometer os prazos de entrega, evidentemente. Empresas que operam com o sistema JIT (programação por meio de *kanbans*), por exemplo, costumam operar com programação para trás. Outras empresas atuam com pro-

> Carregamento infinito: não é necessário limitar a carga de transformação.

> Tipos de programação: para a frente e para trás.

Nos estudos de tempos e movimentos, considerou-se a fadiga humana pela primeira vez.

gramação para a frente, ou seja, iniciam a Ordem de Serviço (OS) tão logo o pedido do cliente seja colocado. Os dois sistemas de programação oferecem vantagens e desvantagens que devem ser consideradas. A programação para trás proporciona alta utilização de equipamentos e pessoal e alta flexibilidade, permitindo que trabalhos inesperados sejam programados facilmente. A programação para a frente, por sua vez, apresenta custos mais baixos com materiais, menor exposição ao risco de reprogramações e maior foco na demanda e nos prazos de entrega;

- **monitoramento e controle**: lembra-se da aula 1, quando você estudou sobre os sistemas produtivos? Pois é, você deve ter observado que um sistema produtivo é formado por quatro etapas essenciais: entradas, transformação, saídas e *feedback* ou retroação. O monitoramento e o controle formam a etapa de retroação, que se reveste de importância pois é necessário, antes de tudo, planejar, mas durante a execução também é preciso verificar se aquilo que foi planejado está sendo efetivamente realizado. Em geral, nas pequenas empresas que adotam as OS no planejamento da produção, os operadores registram manualmente, na própria OS, os apontamentos relativos aos tempos e às ocorrências. No entanto, em empresas mais modernas, esses apontamentos manuais já foram substituídos por sistemas informatizados, que conseguem processar rapidamente uma quantidade enorme de dados, oferecendo respostas em tempo real. As empresas podem adotar sistemas autocontrolados, como é o caso do JIT e do *kanban*, ou sistemas automatizados, como ocorre na indústria petroquímica, por exemplo.

Existem várias metodologias de planejamento e controle da produção, e você deve procurar e implementar a metodologia mais adequada à sua empresa.

PERT-CPM

É uma metodologia de planejamento adequada para a produção sob projeto, especialmente a construção civil e a produção de grandes equipamentos, como navios e geradores de energia. Contudo, a ferramenta pode ser empregada na programação de qualquer tipo de atividade em que exista um processo de escolha entre diversos caminhos para se chegar ao mesmo fim.

O diagrama de PERT é uma ferramenta que você poderá utilizar para definir e coordenar o que deve ser feito, de forma a atingir os objetivos em um prazo previamente definido. Você poderá observar, com certeza, qual é o conjunto de atividades mais demorado (caminho crítico) e entender que qualquer atraso em uma dessas atividades irá comprometer o prazo de finalização de todo o projeto.

As definições de alguns termos são necessárias para que você entenda o funcionamento do diagrama:

> Veja no *site* www.manoleeducacao.com.br/licoesdegestão uma planilha em Excel® para PERT-CPM.

- **rede**: conjunto das atividades e eventos arranjados de maneira lógica;
- **projeto ou operação**: conjunto de atividades envolvendo recursos de entrada (mão de obra, máquinas e equipamentos, materiais, meio ambiente, tecnologias, processos, etc.) e um determinado produto como saída, organizadas com um objetivo definido;

> DICA: relacione as etapas do projeto com o fluxo financeiro.

- **atividade ou tarefa**: ação que consome tempo e recursos na consecução do projeto;
- **evento**: elemento que indica o fim ou o início de uma ou mais tarefas;
- **atividade fantasma**: ação que depende de algum fator externo, fora do controle do projeto, e que apresenta alguma condição, como uma atividade que depende de condição meteorológica. A atividade fantasma não consome tempo nem recursos.

A técnica envolve também uma simbologia própria, apresentada pela Figura 1.

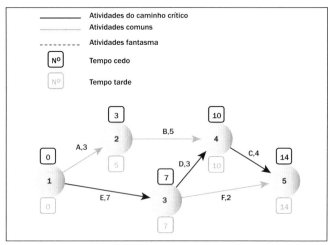

FIGURA 1 Modelo de diagrama PERT-CPM com simbologia.

Como elaborar um diagrama PERT-CPM.

Para elaborar um diagrama PERT-CPM, você deverá seguir as seguintes etapas:

- definir o projeto, seu início e término;
- dividir o projeto em partes mais simples, sem sobrepô-las;

- identificar a sequência, a lógica existente e a interdependência entre as atividades;
- montar a rede do projeto;
- determinar a duração de cada atividade;
- determinar o tipo, a quantidade e o custo dos recursos necessários;
- calcular o tempo de cada atividade;
- determinar o caminho crítico;
- elaborar o cronograma para a programação do projeto.

Veja o exemplo de uma situação rotineira a seguir:

O Sr. Carlos, todos os dias, precisa retirar o automóvel da garagem pela manhã para ir ao trabalho. O que é necessário para o Sr. Carlos fazer essa operação? Ele precisa pôr o carro em marcha (atividade). Para tanto, precisa introduzir a chave na ignição. Para isso, precisa entrar no carro. E, para entrar no carro, precisa entrar na garagem, portanto precisa abrir a porta da garagem.

Relacionando todas as atividades, atribuímos a elas um código para facilitar a diagramação e uma estimativa de tempo para a realização de cada atividade.

Lista de atividades		
Código	Atividade	Tempo
A	Abrir a porta da garagem	60"
B	Entrar na garagem	20"
C	Abrir a porta do carro	20"
D	Entrar no carro	10"
E	Pôr a chave na ignição	5"
F	Dar a partida	15"
G	Sair	10"

DICA: incluir a relação de dependência entre as atividades na tabela.

Depois da tabela de códigos, atividades e tempos, é possível fazer o diagrama PERT.

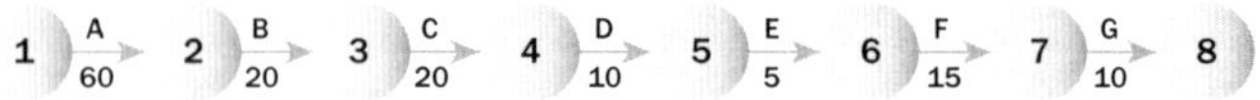

FIGURA 2   Diagrama de PERT solução do exemplo.

Como determinar o caminho crítico?

Em um diagrama linear, conforme apresentado no exemplo, não é possível determinar o caminho crítico, ou seja, o conjunto de atividades que não podem sofrer atrasos, sob o risco de atrasar todo o projeto ou a operação. Mas observe novamente a Figura 1, onde, acima e abaixo da representação de cada evento, há uma numeração: o número superior indica o "tempo cedo", e o número inferior indica o "tempo tarde".

Ainda na Figura 1, observe que, para chegar ao evento 4, existem dois caminhos: o primeiro é formado pelas atividades A e B, cujos tempos de duração das atividades, se somados, totalizam 8 dias; o segundo é formado pelas atividades E e D, cujo tempo de duração das atividades é de 10 dias. Note que o primeiro caminho tem uma folga de 2 dias em relação ao segundo, ou seja, qualquer das atividades A ou B pode atrasar até 2 dias sem comprometer o prazo final.

Para encontrar o "tempo cedo" de um evento, soma-se o tempo da atividade que chega a um determinado evento com o "tempo cedo" do evento que precede essa atividade, e coloca-se o resultado na parte superior do evento em questão. O evento 1 possui "tempo cedo" igual a zero. Observe o evento 2 da Figura 1: o "tempo cedo" de valor 3 é a soma do tempo da atividade A (3 dias) com o "tempo cedo" do evento 1 (0 dias). Quando duas ou mais atividades chegarem a um mesmo evento, você encontrará tanto os valores quanto o número de atividades que chegam ao evento, e escolherá como "tempo cedo" do evento o menor valor encontrado. É o caso do evento 4 da Figura 1.

Inversamente, para encontrar o "tempo tarde" de um evento, subtraia o tempo da atividade que sai do evento do "tempo tarde" do evento que sucede essa atividade, e coloque o resultado na parte inferior do evento. Observe o evento 2 da Figura 1: o "tempo tarde" de valor 5 é o resultado da subtração do tempo da atividade B (5 dias) do "tempo tarde" do evento 4 (10 dias). Quando duas ou mais atividades partirem do mesmo evento, você encontrará tantos valores quanto o número de atividades que partirem do evento, e escolherá como "tempo tarde" o maior valor encontrado. É o caso do evento 3 da Figura 1.

> DICA: a diferença entre o "tempo cedo" e o "tempo tarde" de um evento é a folga da atividade.

O caminho crítico é formado pelas atividades cujos tempos "cedo" e "tarde" são iguais.

Também merece destaque, na rede de PERT-CPM, a forma como o tempo das atividades é calculado. Como se trata de uma previsão, recomenda-se que você estime o tempo pessimista de duração da atividade, o tempo otimista e o tempo mais provável. Em seguida, faça uso da fórmula a seguir para calcular o tempo da atividade:

> O caminho crítico é formado pelas atividades cujos eventos finalizadores possuem "tempo cedo" igual ao "tempo tarde".

$$T = \frac{(a + 4m + b)}{6}$$

Em que:

- T = tempo médio de duração da atividade;
- a = tempo otimista de duração da atividade;
- m = tempo mais provável de duração da atividade;
- b = tempo pessimista de duração da atividade.

Uma vez montada a rede de PERT-CPM, você poderá transformá-la facilmente em um gráfico de barras, destacando o caminho crítico. No caso de projetos complexos e com tempos de duração elevados, você poderá posicionar no mesmo gráfico a programação das atividades com o fluxo financeiro do projeto, especialmente quando existem liberações de parcelas financeiras atreladas ao cumprimento de fases do projeto.

Normalmente, os projetos ou operações solicitam diagramas PERT-CPM mais complexos que os modelos aqui apresentados, mas *softwares* especializados podem ajudar você a resolver a complexidade do diagrama. Apenas um alerta: alguns *softwares* possuem preços proibitivos para as micro e pequenas empresas, e você somente deverá adquiri-los se precisar utilizá-los constantemente.

Gráfico de Gantt

A grande vantagem desse tipo de gráfico é a simplicidade.

Este é o método de programação mais comum e mais simples dentre todos os métodos existentes, por ser utilizado com pleno sucesso tanto na produção sob projeto quanto na produção em série. A maior vantagem da utilização dessa ferramenta está na fácil visualização e no fácil entendimento daquilo que está sendo feito em comparação com aquilo que foi planejado. O gráfico, no entanto, precisa de atualização constante.

O Gráfico de Gantt pode ser apresentado de várias maneiras, mas as duas mais simples são a programação por produto e a programação por centro de trabalho. As Figuras 3 e 4 apresentam essas duas formas do Gráfico de Gantt, respectivamente.

> Tipos de gráfico: programação por produto e programação por centro de trabalho.

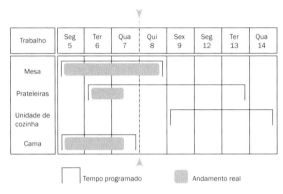

FIGURA 3 Gráfico de Gantt para programação por produto.

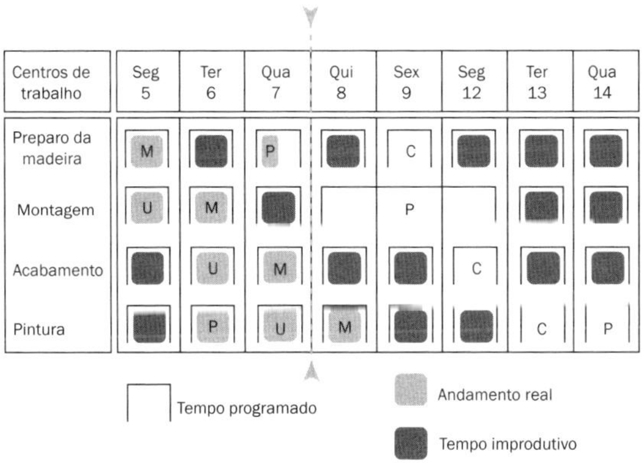

FIGURA 4 Gráfico de Gantt para programação por centro de trabalho.

Desvantagem dos Gráficos de Gantt: necessitam de atualização constante.

Observando o Gráfico de Gantt da Figura 3, para uma pequena marcenaria, você pode concluir rapidamente que a posição da produção foi atualizada entre quarta-feira, dia 7, e quinta-feira, dia 8; que a produção das mesas está adiantada e a produção das prateleiras e das camas está atrasada; que as unidades de cozinha estão programadas para produção entre sexta-feira, dia 9, e quarta-feira, dia 14, etc. Entendeu como o Gráfico de Gantt é fácil de usar?

Apesar da facilidade de uso, esse gráfico apresenta algumas limitações:

- não permite um exame meticuloso da sequência dos trabalhos: no acompanhamento, é difícil lembrar todas as relações de precedência;
- impõe um registro em escala de todas as atividades: para a visualização, isso é importante, mas, como as atividades têm tempos diferentes, pode ficar estranho.

Uma das maiores vantagens do Gráfico de Gantt é a sua apresentação visual. É possível compor um quadro junto às áreas produtivas, de fácil visualização pelos trabalhadores, e assim todos saberão o sequenciamento da programação, as atividades que estão apresentando atrasos e aquelas em que os esforços devem ser concentrados.

ATENÇÃO: esse tipo de programação exige recursos computacionais.

ERP/MRP – *Enterprise Resource Planning*

Criado nos anos 1960, o MRP (Planejamento das Necessidades de Materiais) tem como objetivo permitir que as empresas calculem a quantidade e o momento em que um tipo de material é necessário. Isso pode parecer relativamente fácil para uma pequena empresa, que possui poucos produtos e poucos componentes, porém, quando se trata de grandes empresas, que manipulam milhares de pedidos de compra e venda diariamente, a tarefa torna-se muito complexa. Para executá-la, é preciso considerar os pedidos em carteira, as previsões de vendas, os estoques, os prazos de entrega, etc.

A base de programação do MRP, que, no início, era denominada BOM (*Bill of Materials*), é a estrutura do produto, ou árvore do produto. Esse conceito demonstra a interligação de um produto acabado com seus componentes e matérias-primas.

Seu objetivo é permitir a visualização das necessidades brutas das matérias-primas e componentes. Assim, você poderá cumprir os prazos de entrega aos clientes, com pequena formação de estoques, fazendo compras planejadas e produzindo componentes somente nas quantidades necessárias, isto é, com estoques mínimos.

A Figura 5 traz uma representação esquemática da estrutura do produto.

> A estrutura do produto é fundamental para o MRP.

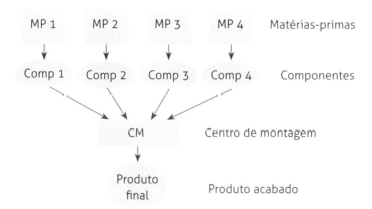

FIGURA 5 Representação esquemática da estrutura do produto.

CUIDADO: nem todas as empresas podem operar com estoque mínimo.

No entanto, você deve estar atento a essa questão de formação de estoques mínimos. Para algumas empresas, pelo próprio mercado em que atuam, trabalhar com estoques mínimos é uma estratégia interessante, mas a priorização da redução de estoques ocorre em detrimento do desempenho da prontidão de entrega. Isso significa que, para as empresas estritamente comerciais, essa estratégia não é a mais adequada, especialmente quando se trata de *commodities*, ou seja, produtos que podem ser encontrados em outras lojas com facilidade.

Para que você possa executar os cálculos necessários ao MRP, é preciso ter um conjunto de informações sobre o ambiente operacional, como:

- **carteira de pedidos**: nada mais é que um registro com informações sobre cada pedido efetuado por um cliente ou por um grupo de clientes. Para o MRP, são particularmente interessantes as informações sobre as quantidades de produtos que cada cliente pediu e o momento em que ele precisará de cada um dos produtos solicitados;
- **previsão de demanda**: como o mercado é muito dinâmico, qualquer processo de previsão de demanda está sujeito a erros (mesmo os mais tradicionais, como as previsões baseadas em históricos). Mas isso não significa que você não deve fazer previsões de venda, pois é preciso ter um norte;
- **listas de materiais**: relação de todos os materiais necessários para fabricar um determinado produto, incluindo as especificações, as quantidades e os prazos de entrega;
- **registros de estoques**: informações sobre as quantidades dos materiais que se encontram em estoque e que poderão

ser utilizados para cumprir um determinado pedido de um cliente. Consideram-se também, nesse caso, os produtos acabados disponíveis em estoque;

■ **plano mestre de produção**: surge da combinação das informações da carteira de pedidos e da previsão de vendas, tornando-se a principal entrada para o MRP.

O MRP funciona como um sistema, composto de entradas, transformação e saídas. As entradas são formadas pelo conjunto de informações do ambiente operacional, para que os cálculos das necessidades possam ser efetuados. E as saídas são formadas pela emissão das ordens de compras, pelos planos de materiais e pela emissão das ordens de serviço.

Para você entender melhor a lógica do MRP, observe a Figura 6, que apresenta o Plano das Necessidades de Materiais de um fabricante de mesas redondas em madeira. Esse plano cobre 8 semanas e o *lead-time* (tempo de ressuprimento de um item) de fabricação ou de entrega é de uma semana, para qualquer componente. Observe que o MRP utiliza a chamada programação para trás: assim, deve começar a calcular as necessidades a partir da semana 8, e de uma necessidade bruta (pedido de clientes) de 150 mesas. Na semana 7, a empresa conta com 30 mesas em estoque, como resultado de um recebimento programado na semana 6. Assim, para completar a entrega na semana 8, com *lead-time* de fabricação de uma semana, torna-se necessário emitir uma Ordem de Serviço (OS) de 120 mesas na semana 7 e, assim, tê-las disponíveis na semana 8, completando o pedido do cliente.

Entendeu a lógica do MRP? Continue observando a Figura 6 e veja o que ocorre em movimentação de materiais

O plano mestre de produção é a combinação da previsão de vendas com a carteira de pedidos.

ATENÇÃO: siga esse roteiro para entender a lógica do MRP.

e emissão de OS para a necessidade bruta de 50 mesas na semana 5.

	Sem	1	2	3	4	5	6	7	8
Necessidades brutas						50			150
Recebimentos programados				10		30			
Estoque disponível	10	10	10	20	20	0	30	30	0
Recebimento de OS						30			120
Plano de liberação de OS					30			120	

FIGURA 6 Planilha com programação lógica do MRP.

Com o tempo, o MRP transformou-se em MRP II.

Com o passar do tempo e o consequente aumento dos recursos informacionais necessários, outras funcionalidades foram sendo agrupadas ao MRP, que, além das necessidades de materiais, passou a programar também as necessidades dos demais recursos, como mão de obra, método, máquinas, etc. O sistema adquiriu, ainda, funcionalidades para controlar as áreas de marketing, finanças e engenharia. A partir da inclusão dessas novas funcionalidades, o sistema passou a se denominar MRP II.

Com o tempo, MRP II transformou-se em ERP.

Atualmente, os sistemas de programação baseados no MRP já chegaram à terceira geração, chamada de ERP – Planejamento dos Recursos Empresariais (*Enterprise Resource Planning*). Esse é um sistema de programação que controla toda a cadeia de suprimentos e manufaturas de forma integrada, chegando mesmo a controlar o relacionamento com os clientes, como é o caso do ERP/CRM – Planejamento dos Recursos Empresariais/Gerenciamento do Relacionamento com os Clientes (*Customer Relationship Management*).

A operação de um sistema como esse, com esse grau de integração, pede recursos computacionais de última geração, o que muitas vezes é proibitivo para micro e pequenas empresas.

A Figura 7 apresenta um ambiente gerenciado por um sistema ERP.

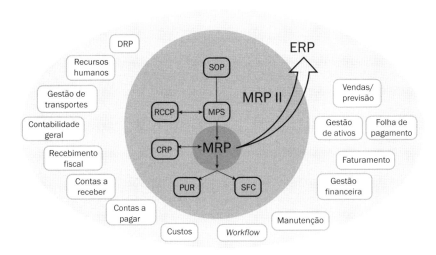

FIGURA 7 Amplitude do ERP.

Kanban

Kanban, em japonês, significa sinal ou cartão, e pode ser considerado como o elo de uma corrente transportadora que leva um material por meio dos diversos estágios da cadeia produtiva de uma empresa.

O *kanban* é um sinal enviado ao processo precedente pelo processo subsequente, informando que o material deve ser enviado. Por essa razão, é indicado no controle da produção puxada em substituição às ordens de serviço.

Existem diversos tipos de *kanbans*:

> O que significa *kanban*?

- ***kanban* de transporte**: é utilizado para avisar o processo precedente que o material pode ser retirado do estoque e transferido para o processo subsequente. Nesse tipo de *kanban*, você encontrará informações como: número e descrição do componente ou material, local onde deverá ser retirado e local para onde deve ser enviado;

- ***kanban* de produção**: é utilizado para informar a um processo produtivo precedente que ele pode iniciar a produção de um item para abastecer um estoque intermediário, que, no caso do controle por *kanbans*, é denominado supermercado. Normalmente, é utilizado para interligar áreas de produção de componentes e áreas de montagem de produtos finais;

- ***kanban* do fornecedor**: é utilizado para avisar ao fornecedor sobre a necessidade de ressuprimento de materiais ou componentes em um determinado estágio da produção. Este *kanban* é similar ao de transporte, porém utilizado com fornecedores externos.

A Figura 8 apresenta um modelo de cartão *kanban* e as suas devidas informações.

Nº da prateleira de estoque: *F26-18*	Abreviação do item: *A5-34*	Processo
Nº do item: *56790-321*		*USINAGEM*
Nome do item: *VIRABREQUIM*		*SB – 8*
Produto: *SX50BC – 150*		

Capacidade da caixa	Tipo de caixa	Nº de emissão
10	*C*	*5/10*

FIGURA 8 Modelo de cartão *kanban*.

Antes de seguir adiante, é bom que você conheça algumas verdades e os objetivos do *kanban*, para que não ache que ele é uma solução milagrosa e barata para a sua programação de produção:

As verdades sobre o *kanban*.

- *kanban* não é inventário zero;
- *kanban* e *Just in Time* não são sinônimos;
- o *kanban* pode ser introduzido a qualquer momento;
- o tamanho do seu inventário é o tamanho da sua incapacidade;
- é uma miopia introduzir o *kanban* para não ter problemas;
- *kanban* proporciona maior flexibilidade;
- *kanban* é simplicidade, visibilidade e controle visual;
- o ponto principal do *kanban* é "pôr ordem na casa";
- o objetivo inicial do *kanban* é apontar os problemas;
- o objetivo final do *kanban* é não ser mais necessário.

A aplicação do *kanban* está sujeita a algumas regras básicas:

As regras para aplicação do *kanban*.

- o processo subsequente deve retirar, no processo precedente, os produtos necessários, nas quantidades necessárias e no tempo necessário;
- o processo precedente deve produzir seus produtos nas quantidades requisitadas pelo processo subsequente;
- o uso do *kanban* deve absorver pequenas flutuações da demanda e, sempre que possível, minimizar o número de *kanbans* em circulação.

O número de *kanbans* em uso determina o nível de estoques.

O número de *kanbans* em circulação determina o nível de estoques. Assim, para aumentar ou diminuir o nível de estoques, basta aumentar ou reduzir o número de *kanbans* em circulação. Usando esse artifício, a programação da produção via *kanban* consegue absorver as flutuações da demanda.

Para calcular o número de cartões em circulação, utilize a fórmula abaixo:

$$Cp = \frac{U}{A} \times T_p \times (1 + \alpha)$$

Em que:

Cp = número de cartões em circulação;

U = demanda diária do produto (em unidades);

A = capacidade do contentor (em unidades);

Tp = tempo de processamento (em dias);

α = fator de segurança (10%).

Veja o que a Toyota diz sobre o *kanban*.

Para concluir, conheça algumas das recomendações da Toyota para o uso de cartões *kanban*. Apenas a título de informação, a Toyota foi a criadora da metodologia, juntamente com o sistema *just-in-time*, que, por vezes, é chamado de Toyotismo.

- A Toyota acredita ser conveniente que o número de itens por contenedor seja divisível por 8, para facilitar a sincronização horária.
- Grandes submontagens não são controladas por cartões *kanban*, pois o estoque gerado seria muito grande.
- Um nível de *kanbans* um tanto apertado, mas possível de se realizar com um esforço adicional, é o melhor para a

obtenção de eficiência, pelo sentido de desafio que isso representa.

A Figura 9 apresenta esquematicamente um sistema de manufatura atuando com a programação por *kanban*.

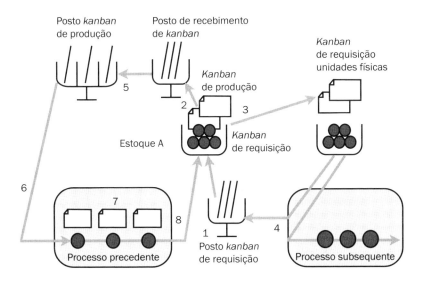

FIGURA 9   Representação esquemática de um sistema de manufatura programado por *kanban*.

■ **PARA RESOLVER**

1. Dado o diagrama de PERT-CPM a seguir, determine, na tabela com a sequência de atividades, os tempos e a relação de dependência. Determine, no diagrama de PERT, o caminho crítico, os "tempos-cedo" e os "tempos-tarde", e calcule o tempo total do projeto.

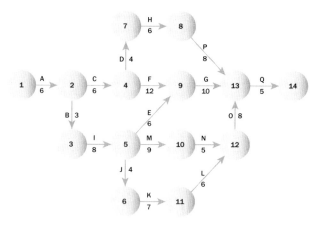

Atividade		Dependência	Tempo (dias)
A	Elaborar projeto		
B	Elaborar proposta orçamentária		
C	Adquirir material		
D	Contratar pessoal		
E	Treinar pessoal		
F	Receber e inspecionar o material		
G	Relatar custos do material		
H	Elaborar relatório financeiro		
I	Elaborar relatório técnico		
J	Construir o equipamento		
K	Testar o equipamento		
L	Corrigir e fazer a calibragem final		
M	Desmontar o equipamento		
N	Carregar no transportador		
O	Transportar para o campo		
P	Montar na plataforma		
Q	Colocar em operação definitiva		

2. A empresa Compukit revende computadores pela internet em "Super *Kits*", para que o próprio cliente faça a montagem. A tabela abaixo indica a lista de componentes, bem como o uso, os *lead-times* e os níveis de estoque. Cada Super *Kit* é composto de três subconjuntos envolvendo: embalagem, carcaça e unidade de processamento. Assessórios como monitor, teclado, *mouse*, etc. não fazem parte do Super *Kit*, sendo vendidos à parte. Elabore a árvore do produto e o plano mestre de produção.

Produto	Uso	Lead-time (semanas)	Estoque	Estoque de segurança
1. Super *Kit* Compukit	–	1	280	50
1.1 Carcaça	1	1	150	30
1.2 Unidade de processamento	1	1	250	30
1.2.1 Placa-mãe *on board*	1	4	200	50
1.2.2 Pente de memória	2	2	10	100
1.2.3 Fonte de alimentação	1	2	200	30
1.3 Caixa de papelão	1	3	200	20

Planeje as entregas com as seguintes programações:

Semanas	Quantidades
17	230
18	100
20	200

3. Quantos produtos podem ser encontrados, no máximo, no estoque intermediário representado no *kanban* abaixo?

Nº da prateleira de estoque: 5E215	Abreviação do item: A2-15	Processo precedente
Nº do item: 35670S07		FORJARIA B – 2
Nome do item: PINHÃO DA DIREÇÃO		Processo subsequente
Produto: SX50BC		USINAGEM M – 6
Capacidade da caixa: 20	Tipo de caixa: B Nº de emissão: 4/8	

■ PARA REFLETIR

1. Você acredita ser possível operar com o sistema JIT, com a programação *kanban* e com o MRP II concomitantemente?
2. Qual foi a principal causa da evolução do MRP para ERP?

AULA 7

ESTUDO DIRIGIDO

OBJETIVOS DESTA AULA

- Explicar como desenvolver um Plano Operacional para sua empresa utilizando os exemplos existentes como referência;
- demonstrar como se devem utilizar as planilhas em Excel® oferecidas pelo curso, fazendo desta aula uma espécie de tutorial.

Bem, vamos à aula!
Exercícios

Analise os planos operacionais das empresas: Água Viva, Chocosonho e Fábrica Virtual. Verifique a existência de arranjo físico, de sistemas de gestão da produção e do planejamento, de programação e de controle da produção. Se existirem, sugira alternativas mais adequadas.

Água Viva Soluções Ambientais Ltda.

A produção da Água Viva é caracterizada como um processo de fabricação misto: sob projeto para os sistemas completos e em série para os *kits*. A Água Viva possui capacidade de produção de 200 *kits* e 10 sistemas completos por mês.

A tabela abaixo apresenta a relação de equipamentos empregados na produção e nas áreas de suporte, bem como as etapas do processo produtivo e o material empregado em cada etapa.

Máquina/equipamento	Quantidade	Uso
Torno Nardini 22 Nodus	1	Produção
Fresadora Zocca FTV2	1	Produção
Injetora Battenfeld 150T	1	Produção
Injetora Battenfeld 750T	1	Produção
Retífica Plana Sulmecânica	1	Produção
Furadeira de bancada	2	Produção
Esmeril	2	Produção
Torre de resfriamento	1	Produção
Moinho	1	Produção
Pickup Ford Courier	1	Transporte

Layout

A Água Viva utiliza-se de *layout* posicional, o tipo mais adequado para suas atividades, pois a empresa, em função de sua pequena escala de produção, se assemelha mais a uma oficina que a uma unidade produtiva. Entretanto, no momento em que houver uma escala maior de produção, o *layout* celular será indicado.

Nessa fase de desenvolvimento da produção, não são necessários estoques de material, nem mesmo de miscelâneas, o que evita o uso de qualquer tipo de controle, bastando manter os componentes e materiais identificados.

No entanto, com o objetivo de atender prontamente ao mercado, alguns componentes são produzidos para estoque, o que aumenta a necessidade de capital de giro da empresa, onerando os custos de produção. Assim, adotou-se a utilização de cartões *kanban* para controlar o processo produtivo e o uso de supermercados para controlar os estoques.

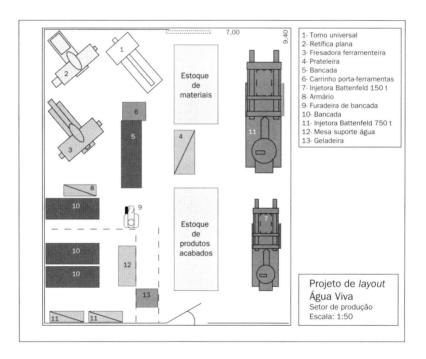

Fluxograma

As operações da Água Viva demandam um fluxograma incluindo o processo de projeto do equipamento e a sua fabricação, conforme a figura a seguir:

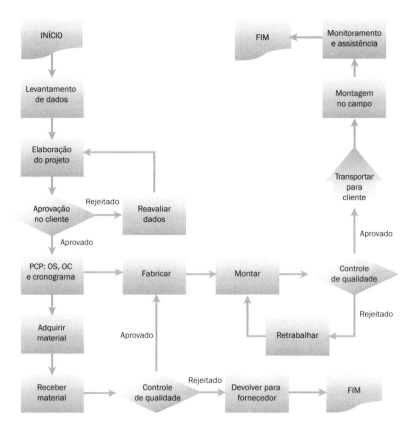

Qualidade

Na fase inicial de operação, a Água Viva está operando com inspeção volante e inspeção final, pois, no processo de fabricação de sistemas de captação e manejo de água, a qualidade é definida por especificações de projeto e testes após a finalização dos serviços.

Durante o período de residência na incubadora, a empresa pretende se estruturar, elaborando os procedimentos de controle da qualidade, para buscar a Certificação ISO 9000 no ano de 2011, e a ISO 14000 no ano de 2012, conforme apontado no seu planejamento estratégico.

Os procedimentos de controle da qualidade deverão necessariamente estar embasados no Controle Estatístico do Processo (CEP), considerado o sistema de controle ideal para produção seriada em usinagem de metais e injeção de plásticos.

Sistema de gestão

Será implantado na Água Viva, ainda durante o período de residência na incubadora, um sistema de gerenciamento baseado em planilhas do *software* Excel, que servirá para apuração dos custos de operação e geração de relatórios financeiros para a tomada de decisões.

A Água Viva é uma empresa caracterizada pela produção de produtos sob encomenda (projeto e instalação de sistemas completos) e em série (*kits*). Nesse caso, o planejamento e o controle da produção são realizados por meio de emissão de Ordens de Serviço, desenvolvidas especificamente para cada caso. As Ordens de Serviço são controladas pelo uso do Excel e enviadas para a produção assim que a administração aprovar o pedido do cliente.

O número de Ordens de Serviço em andamento é controlado por um gráfico de barras, no qual aparece claramente o *status* quanto aos prazos de entrega e quanto à evolução dos trabalhos.

A tabela seguinte apresenta o formulário Ordem de Serviço utilizado pela Água Viva.

Ordem de serviço						N°:		
Nome do projeto:						N° do projeto:		
Cliente:								
Lista de material n°		Aplicação:		Data de emissão:		Fls:		Ed.:
Orçamento n°		Cronograma de projeto n°		Elaborado:	Data:	Aprovado:		Data:

N° Op.	Tempo orçado	Grupo de serviço	Descrição da atividade	Data	Início (hora)	Término (hora)	Tempo total
Controle da qualidade:		Nota fiscal/fatura/data:		Tempo total estimado:		Tempo total realizado:	

Quadro de funcionários

Cargo/função	Quantidade	Responsabilidades	Salário (R$)
Ajudante de montagem	6	Montagem dos *kits* nas linhas de montagem ou auxílio na instalação dos sistemas em clientes. Necessária alguma habilidade com serviços manuais.	950,00
Pedreiro	2	Construção de alvenarias, quando necessário, junto ao imóvel do cliente. Necessária experiência na função, inclusive para pequenos acabamentos.	1.200,00
Encanador	2	Conexão das tubulações e calhas de captação nas instalações dos sistemas no imóvel do cliente. Necessária experiência na função.	1.200,00
Operador de máquinas	4	Conhecimentos de operação de injetoras ou máquinas operatrizes. Necessária formação técnica pelo SENAI.	1.500,00
Projetista	1	Elaboração de projetos de sistemas. Necessária formação em Engenharia e conhecimentos de Autocad.	2.500,00
Auxiliar de escritório	2	Rotinas administrativas, como emissão de notas fiscais, pagamentos de fornecedores, emissão de registros, etc.	1.000,00
Copeira/faxineira	1	Limpeza da área administrativa e produtiva da empresa, bem como preparação de café e outros serviços de copa.	700,00

Chocosonho – Comércio e Fabricação de Produtos Alimentícios Ltda.

A produção da Chocosonho é caracterizada como um processo de produção industrial em série, com capacidade de 6 toneladas/mês de conformados de chocolate por linha de produção. No 5º ano de operação, a Chocosonho estará atuando com 85% de sua capacidade produtiva.

Para melhor atender à demanda, a Chocosonho pretende operar com lojas franqueadas, abrindo a razão de 10 lojas no 2º ano e 5 lojas por ano a partir do 3º ano de operação. O franqueador deverá pagar o valor de R$ 35.000,00 a título de luvas por cada loja franqueada.

A tabela abaixo apresenta a relação de equipamentos empregados na produção e nas áreas de suporte, bem como as etapas do processo produtivo e o material empregado em cada etapa.

Máquina/equipamento	Quantidade	Uso
Linha completa para fabricação de conformados de chocolate	1	Produção
Linha auxiliar para confecção de bombons, tabletes ou outros conformados de chocolate	1	Produção
Mesa de escritório	1	Administração
Cadeira de escritório	1	Administração
Computador	1	Administração
Formas de chocolate	500	Produção
Aparelho de ar-condicionado	2	Produção
Batedeira	1	Produção
Caixas de armazenagem	20	Produção
Soprador térmico	2	Produção

Fluxograma do processo

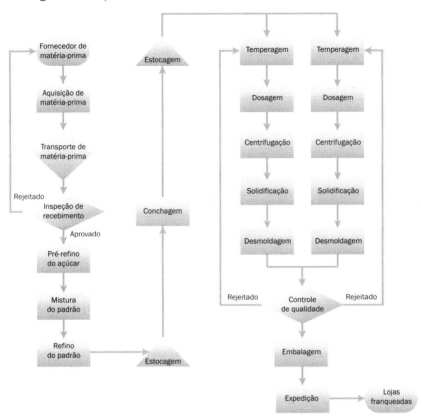

Espaço físico e instalações necessárias

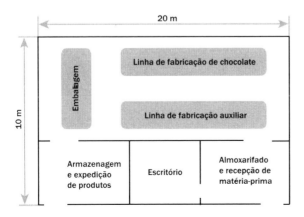

Qualidade

Nessa fase inicial de operação, a Chocosonho irá operar com inspeção volante e inspeção final, pois, no processo de conformação de chocolate, a qualidade é definida por padrões de processos e degustação no final da linha de produção.

A Chocosonho está recebendo apoio do Instituto de Tecnologia de Alimentos (ITAL) de Campinas no desenvolvimento da formulação e na elaboração dos testes necessários para a homologação dos produtos junto aos órgãos fiscalizadores.

Sistema de gestão

Será implantado na Chocosonho, ainda durante o período de residência na incubadora, um sistema de gerenciamento baseado em planilhas do *software* Excel®, que servirá para apuração dos custos de operação e geração de relatórios financeiros para a tomada de decisões.

O planejamento e o controle da produção são realizados por meio de emissão de Ordens de Serviço, devidamente numeradas, aprazadas e enviadas para a produção de acordo com o Plano Mestre de Produção extraído da previsão mensal de vendas.

Fábrica Virtual Softwares Ltda.

A produção da Fábrica Virtual Softwares Ltda. é caracterizada como um processo de produção de serviços sob projeto.

A maior parte das atividades produtivas da Fábrica Virtual é realizada em computadores equipados com *softwares* específicos, típicos de processos de serviços de alto contato com o cliente. Em geral, o cliente participa ativamente do desenvolvimento e da customização do aplicativo.

A tabela abaixo apresenta a relação de equipamentos empregados na produção e nas áreas de suporte, bem como as etapas do processo produtivo e o material empregado em cada etapa.

Máquina/equipamento	Quantidade	Uso
Notebook Core 2 Duo	1	Produção
Desktop 4 Core	2	Produção
Mesa de escritório em L	1	Produção
Armário	1	Produção
Cadeiras giratórias	2	Produção
Cadeiras simples	2	Produção
Impressora	1	Produção
Scanner	1	Produção

Fluxograma do processo

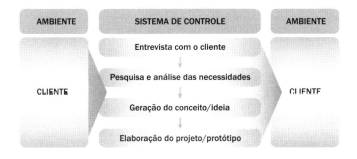

Espaço físico e instalações

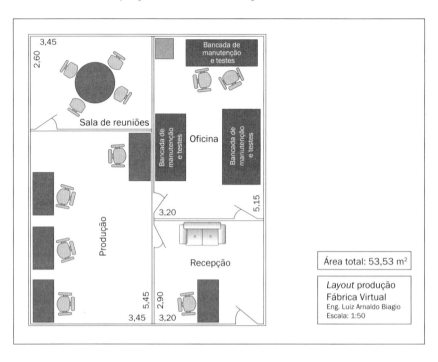

Qualidade

Em virtude do tipo de serviço prestado, não é possível avaliar a qualidade dos produtos assim que eles são considerados acabados, mas a Fábrica Virtual avalia a qualidade de seus produtos a partir do incremento de vendas dos clientes e do retorno que eles executam.

Embora não seja usual para esse tipo de operação, a empresa pretende se estruturar, elaborando os procedimentos de controle dos processos, para buscar a Certificação ISO 9000 no ano de 2011, conforme apontado em seu planejamento estratégico. Essa ação poderá ser utilizada como um excelente instrumento de marketing e promoção da marca Fábrica Virtual.

Quadro de funcionários

Cargo/função	Quantidade	Responsabilidades	Salário (R$)
Analista de sistemas	2	Dimensionar requisitos e funcionalidades do sistema, especificar arquitetura, utilizar ferramentas de desenvolvimento e codificar aplicativos.	3.500,00
Engenheiro de *software*	2	Especificar, dimensionar e manter sistemas de *software*, aplicando técnicas e práticas de gestão de projetos e desenvolvimento de aplicativos.	4.500,00
Designer de *software*	1	Projetar e desenvolver a apresentação visual do *software* aplicando técnicas de criação e desenvolvimento de programação visual.	3.500,00
Supervisor de P&D	1	Gerenciar a produção de *software*, coordenar os trabalhos de desenvolvimento dos projetos e controlar o uso dos recursos.	6.000,00
Auxiliar de escritório	1	Rotinas administrativas, como emissão de notas fiscais, pagamentos de fornecedores, emissão de registros, etc.	1.000,00
Faxineira/copeira	1	Limpeza da área administrativa e produtiva da empresa, bem como preparação de café e outros serviços de copa.	700,00

Sistema de gestão

Será implantado na Fábrica Virtual, ainda durante o período de residência na incubadora, um sistema de gerenciamento baseado em planilhas do *software* Excel®, que servirá para apuração dos custos de operação e para a geração de relatórios financeiros para a tomada de decisões.

A Fábrica Virtual caracteriza-se pela produção sob encomenda ou sob projeto. Nesse caso, o planejamento e o controle de produção são realizados por meio de emissão de Ordens de Serviço, desenvolvidas especificamente para cada

caso. As Ordens de Serviço são controladas pelo uso do Excel®
e enviadas para a produção assim que a administração aprovar o pedido do cliente.

Ordem de Serviço*					N°:			
Nome do projeto:					N° do projeto:			
Cliente:								
Lista de material n°		Aplicação:		Data de emissão:		Fls:		Ed.:
Orçamento n°		Cronograma de projeto n°		Elaborado:	Data:	Aprovado:		Data:
N° Op.	Tempo orçado	Grupo de serviço	Descrição da atividade	Data	Início (hora)	Término (hora)		Tempo total
Controle da qualidade:		Nota fiscal/fatura/data:		Tempo total estimado:		Tempo total realizado:		

* O número de Ordens de Serviço em andamento é controlado por um gráfico de barras,
onde aparece claramente o *status* quanto aos prazos de entrega e quanto à evolução dos
trabalhos.

Cronograma de projeto

Nome do projeto: **Cliente:**   **nº CER:** kR$:   **nº O.S.:** kR$:

Planejamento das atividades

Situação geral do projeto:
ANDAMENTO

Principais atividades	Data de início	Data de final	Cronograma
1			
2			
3			
4			
5			
6			
7			
8			
9			
10			
11			

Planejamento financeiro	Mês/ano	Total acum.
Fluxo de caixa:	Forecast kR$	
	Real kR$	

O cliente do projeto está satisfeito com a qualidade das entregas até o momento? ☐ SIM ☐ NÃO
Necessita de reunião de apoio ou cobrança de outras áreas? ☐ SIM ☐ NÃO
Há algum risco grave que necessite de plano de ação? ☐ SIM ☐ NÃO
Tem o envolvimento e o tempo disponível adequados dos envolvidos? ☐ SIM ☐ NÃO
Qual a data da última reunião do líder com o *sponsor*? __/__/__   E da equipe? __/__/__

LEGENDA DA SITUAÇÃO DO PROJETO   Bom   Lento   Parado

Atraso máximo < 5 dias = BOM; atraso de 5 a 15 dias = LENTO; atraso > 15 dias = PARADO

Observações

Legenda do cronograma   P Planejado   R Realizado   Re Reprogramado

CONSIDERAÇÕES FINAIS

Olá, aqui estou eu novamente, o Eugênio, lembra-se? Eu vim até aqui lhe apresentar este curso a distância e agora retorno para encerrá-lo.

Espero que tenha aproveitado bastante, e tenho a certeza de que, se você chegou até aqui, aproveitou mesmo.

Este curso tratou de como administrar a produção da sua empresa. Mas não pense que o tema se esgota aqui. Você precisa ter em mente que o conhecimento é dinâmico e que todos os dias surgem novas metodologias; assim, você precisa se atualizar constantemente.

Para ajudá-lo, vou recomentar uma bibliografia básica que você deve consultar regularmente para se manter atualizado.

1. SLACK, N.; JOHNSTON, R.; CHAMBERS, S. Administração da produção. 2. ed. São Paulo: Atlas, 2002.
2. ROTHER, M.; SHOOK, J. Aprendendo a enxergar. São Paulo: Lean Institute Brasil, 1999.

3. BIAGIO, L. A.; BATOCCHIO, A. Plano de negócios – Estratégia para micro e pequenas empresas. 2. ed. Barueri: Manole, 2012.

4. GAITHER, N.; FRAZIER, G. Administração da produção e operações. 8. ed. São Paulo: Pioneira, 1999.

5. DAVIS, M. M. CHASE R. B.; AQUILANO, N. J. Fundamentos da administração da produção. 3. ed. Porto Alegre: Bookman, 2001.

Sucesso!